THE LORD'S PRAYER
ACCORDING TO
ST. MAKARIOS OF CORINTH

Η ΚΥΡΙΑΚΗ ΠΡΟΣΕΥΧΗ
ΚΑΤΑ
ΤΟΝ ΑΓΙΟ ΜΑΚΑΡΙΟ ΚΟΡΙΝΘΟΥ

Other books from the Orthodox Research Institute:

Saint Cyril of Alexandria. *Against Those Who Are Unwilling to Confess that the Holy Virgin Is Theotokos.* Introduction, Greek Text and English Translation by Protopresbyter George Dion. Dragas

Metropolitan Makarios (Tillyrides) of Kenya and Irinoupolis. *Adventures in the Unseen: The Silent Witness.* Vol. I: Harare, Zimbabwe, 2000

Protopresbyter George Dion. Dragas. *Ecclesiasticus I: Introducing Eastern Orthodoxy*

Protopresbyter George Dion. Dragas. *Ecclesiasticus II: Orthodox Icons, Saints, Feasts and Prayer*

Protopresbyter George Dion. Dragas. *Saint Athanasius of Alexandria: Original Research and New Perspectives*

Protopresbyter George Dion. Dragas. *On the Priesthood and the Holy Eucharist: According to St. Symeon of Thessalonica, Patriarch Kallinikos of Constantinople and St. Mark Eugenikos of Ephesus*

Protopresbyter George Dion. Dragas. *St. Cyril of Alexandria's Teaching on the Priesthood*

Protopresbyter John S. Romanides. *An Outline of Orthodox Patristic Dogmatics*, in Greek and English. Edited and translated by Protopresbyter George Dion. Dragas

Rev. Dr. Steven Bigham. *Early Christian Attitudes toward Images*

THE LORD'S PRAYER
ACCORDING TO
ST. MAKARIOS OF CORINTH

Η ΚΥΡΙΑΚΗ ΠΡΟΣΕΥΧΗ
ΚΑΤΑ
ΤΟΝ ΑΓΙΟ ΜΑΚΑΡΙΟ ΚΟΡΙΝΘΟΥ

Protopresbyter George Dion. Dragas

Rollinsford, New Hampshire

Published by Orthodox Research Institute
20 Silver Lane
Rollinsford, NH 03869
www.orthodoxresearchinstitute.org

© 2005 Protopresbyter George Dion. Dragas

All rights reserved. No part of this publication may be reproduced or transmitted in any form or by any means, electronic or mechanical, including photocopying, recording, or any information storage and retrieval system, without permission in writing from the author or publisher.

Library of Congress Control Number: 2005928323

ISBN 1-933275-01-4

St. Makarios of Corinth

ΠΡΟΛΟΓΟΣ

Το βιβλίο αυτό, γραμμένο στα νεοελληνικά και στα αγγλικά, προορίζεται για τους ευσεβείς ελληνορθόδοξους χριστιανούς στην Αμερική. Η διγλωσσία του αντικατοπτρίζει τη διακονία του θείου Λόγου, που προσπαθώ να προσφέρω στην ενορία του Αγίου Ιωάννου του Βαπτιστού στο Σάουθ Εντ της Βοστώνης (στη Μασσαχουσέττη), στην οποία διακονώ ιερατικά. Οφείλεται στην επανειλημμένη αίτηση ευσεβών ενοριτών, οι οποίοι το θέλουν στη μορφή αυτή, με την οποία πρωτοεμφανίστηκε σαν σειρά άρθρων στο μηνιαίο περιοδικό της Ενορίας μας, πού είναι δίγλωσσο και φέρει το όνομα «Πρόδρομος».

Η Κυριακή Προσευχή, γνωστή ως το «Πάτερ Ημών», είναι η κατ' εξοχήν προσευχή των Χριστιανών εφ' όσον μας παραδόθηκε από τον ίδιο τον Κύριο Ιησού Χριστό ύστερα από αίτηση των αγίων Μαθητών Του και Αποστόλων. Οι πατέρες της Εκκλησίας μας παρέδωσαν πολλές και σπουδαίες εξηγήσεις της προσευχής αυτής, η οποία αποτελεί την κορωνίδα στο «τρισάγιο» με το

PROLOGUE

This book, written in Modern Greek and English, is offered to the Orthodox Christians who live in America. Its bilingual form reflects the ministry of the Word, which I try to offer in the parish of St. John the Baptist in the South End, Boston, Massachusetts, where I serve as a priest. It is published in response to a repeated request of devout parishioners, who wish to see it in the format in which it originally appeared as a series of articles in the monthly periodical of our parish that bears the name "Forerunner."

The Lord's Prayer, commonly known as the "Our Father," is the supreme prayer of the Christians, since it was delivered to us by the Lord Jesus Christ, following a request of his holy Disciples and Apostles. The Fathers of the Church have delivered many and profound explanations of this prayer, which constitutes the pinnacle of the introductory "trisagion" which opens every Orthodox supplication (see Appendix). The present explanation of this prayer by St. Makarios of Corinth (1731–1805) is

οποίο αρχίζει κάθε ορθόδοξη δέηση (βλέπε παράρτημα). Η παρούσα εξήγηση του αγίου Μακαρίου Κορίνθου (1731 – 1805) αποτελεί πνευματικό καταστάλαγμα της μελέτης του πάνω στις πατερικές εξηγήσεις. Μας βοηθάει να κατανοήσουμε, ότι η προσευχή αυτή είναι το κλειδί της εν Χριστώ πολιτείας μας. Εύχομαι η έκδοση αυτή να βοηθήσει τους ευσεβείς αναγνώστες στην πνευματική τους πρόοδο.

25ⁿ Μαΐου, 2005, Μεσοπεντηκοστή
3ⁿ Εύρεσις της Κάρας του Αγ. Ιωάννου
Προφήτου, Προδρόμου και Βαπτιστού
π. Γ.Δ.Δ.

the spiritual distillation of his study of the patristic explanations. It helps us to understand how this prayer is the key to our manner of life in Christ. I pray that this publication may be of help to devout readers in their spiritual progress.

May 25, 2005
Mid-Pentecost
3rd Finding of the Head of St. John
Prophet, Forerunner and Baptist
Fr. G.D.D.

ΠΙΝΑΞ ΠΕΡΙΕΧΟΜΕΝΩΝ
TABLE OF CONTENTS

ΠΡΟΛΟΓΟΣ	ii
PROLOGUE	iii
Η ΚΥΡΙΑΚΗ ΠΡΟΣΕΥΧΗ	1
THE LORD'S PRAYER	1
Ο ΒΙΟΣ ΤΟΥ ΑΓΙΟΥ ΜΑΚΑΡΙΟΥ	2
THE LIFE OF SAINT MACARIOS	3
ΕΙΣΑΓΩΓΗ	16
INTRODUCTION	17
ΠΑΤΕΡ ΗΜΩΝ Ο ΕΝ ΤΟΙΣ ΟΥΡΑΝΟΙΣ	24
OUR FATHER WHO ART IN HEAVEN	25
ΑΓΙΑΣΘΗΤΩ ΤΟ ΟΝΟΜΑ ΣΟΥ	36
HALLOWED BE THY NAME	37
ΕΛΘΕΤΩ Η ΒΑΣΙΛΕΙΑ ΣΟΥ	44
THY KINGDOM COME	45
ΓΕΝΗΘΗΤΩ ΤΟ ΘΕΛΗΜΑ ΣΟΥ …	48
THY WILL BE DONE …	49

ΤΟΝ ΑΡΤΟΝ ΗΜΩΝ ΤΟΝ ΕΠΙΟΥΣΙΟΝ…	56
GIVE US TODAY OUR DAILY BREAD…	57
ΚΑΙ ΑΦΕΣ ΗΜΙΝ ΤΑ ΟΦΕΙΛΗΜΑΤΑ ΗΜΩΝ	82
AND FORGIVE US OUR TRESPASSES	83
ΚΑΙ ΜΗ ΕΙΣΕΝΕΓΚΗΣ ΗΜΑΣ…	92
AND DO NOT LEAD US…	93
ΑΛΛΑ ΡΥΣΑΙ ΗΜΑΣ ΑΠΟ ΤΟΥ ΠΟΝΗΡΟΥ	108
BUT DELIVER US FROM THE EVIL ONE	109
ΟΤΙ ΣΟΥ ΕΣΤΙΝ Η ΒΑΣΙΛΕΙΑ…	110
FOR THINE IS THE KINGDOM…	111
ΕΠΙΛΟΓΟΣ	114
EPILOGUE	115
ΠΑΡΑΡΤΗΜΑ	120
APPENDIX	121
ABOUT THE AUTHOR	125

Η ΚΥΡΙΑΚΗ ΠΡΟΣΕΥΧΗ

Πάτερ ἡμῶν, ὁ ἐν τοῖς οὐρανοῖς,
ἁγιασθήτω τὸ ὄνομα σου.
Ἐλθέτω ἡ βασιλεία σου,
Γενηθήτω τὸ θέλημά σου
ὡς ἐν οὐρανῷ καὶ ἐπὶ τῆς γῆς.
Τὸν ἄρτον ἡμῶν τὸν ἐπιούσιον
δὸς ἡμῖν σήμερον.
Καὶ ἄφες ἡμῖν τὰ ὀφειλήματα ἡμῶν,
ὡς καὶ ἡμεῖς ἀφίεμεν τοῖς ὀφειλέταις ἡμῶν.
Καὶ μὴ εἰσενέγκῃς ἡμᾶς εἰς πειρασμόν,
ἀλλὰ ῥῦσαι ἡμᾶς ἀπὸ τοῦ πονηροῦ.
Ὅτι σοῦ ἐστιν ἡ βασιλεία καὶ ἡ δύναμις καὶ ἡ δόξα, τοῦ Πατρὸς καὶ τοῦ Υἱοῦ καὶ τοῦ Ἁγίου Πνεύματος, νῦν καὶ ἀεὶ καὶ εἰς τοὺς αἰῶνας τῶν αἰώνων. Ἀμήν.

THE LORD'S PRAYER

Our Father, who art in heaven,
hallowed be Thy name.
Thy kingdom come,
Thy will be done
on earth as it is in heaven.
Give us today
our daily bread,
and forgive us our trespasses
as we forgive those who trespass against us,
and lead us not into temptation,
but deliver us from the Evil One.
For Thine is the kingdom and the power and the glory, of the Father and of the Son and of the Holy Spirit, now and forever and unto the ages of ages. Amen.

Ο ΒΙΟΣ
ΤΟΥ ΑΓΙΟΥ ΜΑΚΑΡΙΟΥ

Η γενεαλογία του αγίου Μακαρίου ανάγεται στο Βυζάντιο και ιδιαίτερα στην εποχή των Παλαιολόγων. Η οικογένεια των Νοταραίων έδωσε στη νεώτερη ελληνική ιστορία μια σειρά από επιφανείς προσωπικότητες. Οι πιο περίφημες ίσως απ' αυτές, ήσαν ο Λουκάς Νοταράς, που διετέλεσε Μέγας Δούκας του τελευταίου αυτοκράτορα του Βυζαντίου Κωνσταντίνου ΙΑ΄ Δράγα του Παλαιολόγου, ο άγιος Γεράσιμος (1509–1579), πού είναι ο πολιούχος της Κεφαλλονιάς, οι Πατριάρχες Ιεροσολύμων Δοσίθεος (1641–1707) και Χρύσανθος (1707–1731) και, τελικά, ο άγιος Μακάριος Κορίνθου (1731–1805).

Ο άγιος Μακάριος γεννήθηκε στα Τρίκαλα της Κορίνθου στην οικογένεια του Γεωργίου και της Αναστασίας Νοταρά το 1731 και ονομάστηκε Μιχαήλ. Ο πατέρας του ήταν από τους διακεκριμένους αξιωματούχους της Κορίνθου, άνθρωπος προικισμένος με ελληνορθόδοξη αρχοντιά, που φρόντισε να πάρει ο υιός του καλή ανατροφή και παιδεία. Έτσι από τη μικρή του ηλικία ο Μιχαήλ Νοταράς απέβλεπε στον χριστιανικό τρόπο ζωής και μάλιστα επιδίωξε

THE LIFE OF SAINT MAKARIOS

St. Makarios' ancestry goes back to Byzantium and more specifically to the era of the Palaeologoi. The Notaras family gave Modern Greek history a long line of illustrious names. The most famous of them were, perhaps, Lucas Notaras, the Grand Duke of the last Emperor of Constantinople, Constantine XI Dragas Palaeologos, Saint Gerasimos (1509 – 1579), the patron saint of Cephallonia, the Patriarchs of Jerusalem Dositheos (1641 – 1707) and Chrysanthos (1707 – 1731) and, finally, Saint Makarios of Corinth (1731 – 1805).

Born in Corinth in the family of George and Anastasia Notaras in 1731, St. Makarios was given the name Michael at his baptism. His father was the most eminent Greek official of Corinth, a man steeped in Greek Orthodox nobility, who ensured a good upbringing and education for his son. Very early in his life, Michael Notaras aspired to the Christian way of life and tried to join the monastic community of Mega Spēlaion in Peloponnese, but did not succeed because of his father's objections.

να γίνει μοναχός στο Μέγα Σπήλαιο στην Πελοπόννησο, αλλά δεν τα κατάφερε εξ αιτίας των αντιδράσεων του πατέρα του. Γι αυτό το λόγο αφιερώθηκε στις σπουδές του και, σε ηλικία 28 ετών, αναδείχτηκε σε Διευθυντή του ελληνικού σχολείου Κορίνθου, όπου και υπηρέτησε για έξι χρόνια «ώστε τα παιδιά των χριστιανών να μη μείνουν άπραγα και τυφλά».

Το 1764, σε ηλικία 33 χρονών, και επειδή κενώθηκε ο Αρχιεπισκοπικός θρόνος της Κορίνθου, ο Μιχαήλ Νοταράς εκλέχθηκε από το λαό της πόλης αυτής ως ο επόμενος Αρχιεπίσκοπος, και εστάλησαν τότε οι ενδεδειγμένες επιστολές στη βασιλεύουσα. Τον Ιανουάριο του 1765, πήγε στην Κωνσταντινούπολη, συνοδευόμενος από τους προύχοντές της, και χειροτονήθηκε σε Αρχιεπίσκοπο από τον τότε Οικουμενικό Πατριάρχη Σαμουήλ Α΄ τον Χατζερή, παίρνοντας τους βαθμούς της ιεροσύνης και το νέο όνομα Μακάριος. Με την επιστροφή του στην Κόρινθο, βάλθηκε να αναδιοργανώσει και να μεταμορφώσει την ποιμαντική και κοινωνική κατάσταση της Αρχιεπισκοπής του σε παραδοσιακή βάση, δίνοντας ιδιαίτερη έμφαση στην παιδεία του κλήρου και του λαού.

Το έργο της εσωτερικής ανανέωσης και μεταμόρφωσης διακόπηκε πρόωρα από τον ρωσικό-τουρκικό πόλεμο, τέλη της 10ετίας του 1760 και αρχές της 10ετίας 1770, που είχε άμεσες επιπτώσεις για τους έλληνες της Πελοποννήσου, συμπεριλαμβανομένων και των Κοριν-

Thus, he turned to education, and at the age of 28, he was the headmaster of the Greek School of Corinth where he served for six years "so that the children of the Christians may not remain idle and blind."

In 1764, at the age of 33 and as a result of the Archdiocesan Throne of Corinth becoming vacant, Michael Notaras was elected by the people of the city to be their next Archbishop, and appropriate letters were sent to the Royal City. In January 1765, he came to Constantinople accompanied by a group of Corinthian community leaders where he received holy orders taking the new name of Makarios and was ordained Archbishop of Corinth by Ecumenical Patriarch Samuel I Chatzerēs. With his return to Corinth, he set out to organize and transform the pastoral and social state of his Archdiocese along traditional lines, laying particular emphasis on education for both clergy and laity.

This work of internal renewal and transformation was prematurely interrupted by the Russo-Turkish war in the late 1760s and early 1770s, which had direct effects upon the Greeks of Peloponnese, including those in Corinth, and which has come down to history as the Orlof tragedy. Since the Notaras family had played a primary role in the Greek revolt against the Turks, the defeat of their Russian supporter, Alexios Gregorovich Orlof, and his fleet meant that they had to flee from the city.

θίων και είναι γνωστός στην ιστορία ως η τραγωδία του Ορλόφ. Επειδή η οικογένεια των Νοταραίων είχε παίξει πρωταρχικό ρόλο στην ελληνική στάση κατά των τούρκων, η ήττα του ρώσου υποστηρικτή της Αλέξιου Γρηγόροβιτς Ορλόφ και του στόλου του σήμαινε ότι έπρεπε να απομακρυνθούν από την πόλη.

Έτσι βρίσκουμε τον άγιο Μακάριο πρώτα στη Ζάκυνθο, όπου και παρέμεινε για τρία χρόνια, και κατά την διάρκεια αυτή επισκέφθηκε και προσκύνησε τον τάφο του συγγενή του αγίου Γεράσιμου, στην Κεφαλλονιά, και έπειτα στη Μονή της Θεοτόκου στην Ύδρα όπου υιοθέτησε τη ασκητική ζωή. Παράλληλα με την άσκηση, αναμείχθηκε ο άγιος Μακάριος με ποιμαντικό έργο συμβουλεύοντας πάμπολλους πιστούς που πρόστρεχαν σ' αυτόν σαν πνευματικό πατέρα. Εκεί και τότε συναντήθηκε για πρώτη φορά με τον νεαρό Νικόλαο Καλλιβούρτζη, που έλαβε εξ αιτίας του το μοναχικό σχήμα, συνεργάστηκε αργότερα μαζί του και τελικά αναδείχτηκε σε ένα από τους μεγαλύτερους αγίους της Ορθοδοξίας στη νεώτερη εποχή, γνωστός ως ο άγιος Νικόδημος ο Αγιορείτης.

Το 1774, ο ρωσικός-τουρκικός πόλεμος τελείωσε με την συνθήκη του Κιουτσούκ-Καϊναρτζέ, και οι Τουρκικές αρχές ζήτησαν από το Πατριαρχείο να διορίσει νέους Αρχιερείς στην Πελοπόννησο, αφού πολλοί από τους παλαιούς είχαν καταφύγει στη Ρωσία με την υποχώρηση του ρωσικού στόλου. Η Σύνοδος ενέδωσε στη πίεση των

Thus, we find St. Makarios first in Zakynthos, where he stayed for three years, and during which period he visited and prayed at the tomb of his relative, St. Gerasimos of Cephallonia, and subsequently at Hydra pursuing the ascetical life in the Monastery of the Theotokos. Parallel to his ascetical engagements, St. Makarios became involved in pastoral work giving personal advice to many people who turned to him as a great spiritual father. It was here that he met for the first time and encouraged the young Nicholas Callibourtzes, who took monastic vows at his prompting and became his collaborator and eventually one of the greatest Orthodox saints in the modern era, known as St. Nikodemos the Hagiorite (of the Holy Mountain of Athos).

In 1774, the Russo-Turkish war ended with the treaty of Kutsuk-Kainarze and the Turkish authorities asked the Ecumenical Patriarch to appoint new hierarchs in Peloponnese, since many of the old ones had fled to Russia during the withdrawal of the Russian fleet. The Holy Synod gave in to the official Turkish pressure and ordained new hierarchs for the Peloponnesian Sees, which meant that St. Makarios could not return to Corinth. It took some time for Constantinople and St. Makarios himself to find the right solution to the canonical problem which inevitably ensued. Ecumenical Patriarch Sophronios II (1774–1780) wrote to St. Makarios: "Brother, do not

τουρκικών αρχών και χειροτόνησε νέους Αρχιερείς στις επαρχίες της Πελοποννήσου, το οποίο σήμαινε ότι δεν μπορούσε ο άγιος Μακάριος να επιστρέψει στην Κόρινθο. Πήρε αρκετό χρόνο στην Κωνσταντινούπολη μέχρι να βρεθεί λύση στο κανονικό πρόβλημα και να τακτοποιηθεί ο άγιος Μακάριος, όπως τελικά έγινε. Ο Οικουμενικός Πατριάρχης Σωφρόνιος Β΄ (1774 – 1780) έγραψε τότε στον άγιο Μακάριο: «Αδελφέ, μη σκεφθείς ότι είσαι ελεύθερος από την εκκλησιαστική διακονία, επειδή έφυγες από την Αρχιεπισκοπή σου. Ο Θεός δεν μας δίνει τέτοια ελευθερία. Μάλλον, μας θέλει να είμαστε υπηρέτες και αμπελουργοί στον μυστικό αμπελώνα Του μέχρι τελευταίας αναπνοής. Γι αυτό λοιπόν, δεν πρέπει να σταματήσεις να διδάσκεις με λόγια και με έργα τις σωτήριες εντολές του Κυρίου, μνημονεύοντας τη δική μου θλιβερή οικτρότητα στις προσευχές σου και στις ικεσίες σου ενώπιον του ελεήμονος Κυρίου». Ο άγιος Μακάριος δέχτηκε την απόφαση της Αγίας και Ιεράς Συνόδου. Συνέχισε για λίγο διάστημα να υπογράφει ως Μακάριος εκ Κορίνθου, και τελικά υπέβαλε την παραίτησή του. Το Πατριαρχείο όμως συνέχισε να τον υποστηρίζει με ανάλογη μισθολογική αποζημίωση.

Κατά την νέα περίοδο της ζωής του, που άρχισε στην Ύδρα το 1775, ο άγιος Μακάριος αφιέρωσε τη ζωή του στα πνευματικά ιδεώδη του Ορθόδοξου ασκητισμού, δηλ. στη μελέτη των πατερικών και εκκλησιαστικών συγγραμμάτων, ιδιαίτερα εκείνων που σχετίζονται με τις

think that you are free from ecclesiastical service because you have departed from your Archdiocese. God does not give us such freedom; rather He wants us to be servants and vinedressers of His mystical vineyard to our last breath. So then, you must not cease from teaching by word and act the saving commandments of the Lord, remembering also my own state of wretchedness in your prayers and mediations to the merciful Lord." St. Makarios accepted the decision of the Holy and Sacred Synod. For some time, he continued to sign as Makarios from Corinth (not 'of Corinth'), until eventually he submitted his official resignation. But the Patriarchate continued to support him with an appropriate salary.

In the new period in his life, which began in Hydra in 1775, St. Makarios devoted himself to the spiritual ideals of Orthodox asceticism, i.e. the study of the patristic and ecclesiastical literature, particularly that kind which brought out the traditions of the ascetical and neptic Fathers. He worked so methodically on the available patristic manuscripts and ecclesiastical literature that he soon became known in Orthodox ecclesiastical circles as a great authority on the subject to whom scholars could turn for advice.

In pursuit of his spiritual and scholarly ideas, St. Makarios moved from Hydra to Chios (for a short while) and in 1777 came to the Holy Mount of Athos, where

παραδόσεις των ασκητικών και νηπτικών πατέρων. Εργάστηκε μεθοδικά στα υπάρχοντα πατερικά και εκκλησιαστικά χειρόγραφα, και γρήγορα αναδείχτηκε στους εκκλησιαστικούς κύκλους ως μεγάλη αυθεντία στο θέμα αυτό, ώστε να απευθύνονται σ' αυτόν για συμβουλές όλοι οι νεώτεροι ερευνητές.

Ἀκολουθώντας τις πνευματικές και περισπούδαστες αναζητήσεις του, ο άγιος Μακάριος μετακινήθηκε από την Ύδρα στη Χίο (για ένα μικρό διάστημα), και το 1777 ήλθε στο Άγιο Όρος όπου ενώθηκε με το μεγάλο κίνημα των *Κολλυβάδων*, στο οποίο αναδείχτηκε ένας από τους τρεις μεγάλους ηγέτες του — μαζί με τον Νικόδημο τον Αγιορείτη και τον Ιερομόναχο Αθανάσιο τον Πάριο. Το κίνημα των *Κολλυβάδων* είχε να κάνει με την επιστροφή στις αρχαίες εκκλησιαστικές παραδόσεις και σχετιζόταν με τα *κόλλυβα* (που χρησιμοποιούνταν για τα μνημόσυνα των κεκοιμημένων), την συχνή μετάληψη των Αχράντων Μυστηρίων και την μελέτη πατερικών, ασκητικών και νηπτικών κειμένων, με τα οποία προαγόταν ο ησυχασμός. Οι *Κολλυβάδες* απαγόρευαν τη χρήση *κολλύβων* (ουσιαστικά, τα μνημόσυνα για τους κεκοιμημένους) τις Κυριακές, επειδή η Κυριακή είναι αφιερωμένη στην Ανάσταση. Απαιτούσαν προσήκουσα προετοιμασία και συχνή μετοχή στη θεία κοινωνία στο τίμιο Σώμα και Αίμα του Χριστού, και προωθούσαν την δημοσίευση και διάδοση ασκητικών και νηπτικών έργων ορθόδοξης

he joined the great movement of the *Collybades*, becoming one of their three great leaders, the other two being St. Nikodemos the Hagiorite and Hieromonk Athanasius Parios. The movement of the *Collybades* stood for a return to the ancient ecclesiastical traditions and was connected with three particular practices, the *"collyba"* (a meal in commemoration of the dead), the frequent participation in the Divine Communion and the reading of patristic ascetical and neptic texts, which promoted hesychasm. The *Collybades* prohibited the use of *"collyba"* (in effect, the memorial services for the dead) on Sundays, because Sunday was dedicated to the Resurrection; they called for proper preparation and frequent partaking of the divine mysteries of the sacred body and blood of Christ; and promoted the publication and dissemination of ascetical and neptic works of spirituality as well as the deployment of hesychastic prayer-practices by the individual Christians.[1]

St. Makarios' support of the *Collybades* meant that he had to leave the Holy Mountain. He traveled to Chios, Patmos (where he spent a year with the Nisyrian exiled *Collybades*, Nēphōn the Chiot, Gregory the Nisyrian and Athanasius), Hydra, and finally came to Corinth to settle

---

[1] Memorial Services on Sundays, which are observed today, were approved by the Ecumenical Patriarchs Theodosius II (18th century) and Gregory V, the Ethnomartyr (19th century).

πνευματικότητας, καθώς και την ανάπτυξη ησυχαστικών τρόπων προσευχής από τους χριστιανούς.[1]

Η υποστήριξη των *Κολλυβάδων* από τον άγιο Μακάριο σήμαινε ότι έπρεπε να εγκαταλείψει το Άγιο Όρος. Ταξίδεψε στη Χίο, στη Πάτμο, (όπου έμεινε ένα ολόκληρο έτος με τους εξόριστους Νισύριους *Κολλυβάδες*, τον Νήφωνα το Χίο, τον Γρηγόριο τον Νισύριο και τον Αθανάσιο), στην Ύδρα, και τελικά στην Κόρινθο για να τακτοποιήσει μερικές εκκρεμείς υποθέσεις οικογενειακής περιουσίας. Εκεί και τότε ακύρωσε όλες τις νόμιμες διεκδικήσεις του με μια πράξη μοναδικής μεγαλοψυχίας καίγοντας τις λίστες των αποθανόντων χρεοφειλετών του πατέρα του. Έχοντας έτσι εκπληκτικά καταδείξει σε συγγενείς και φίλους στην Κόρινθο το πρωτείο της αρετής στη ζωή του, αναχώρησε ο άγιος μας για τη Χίο και στη συνέχεια για τη Σμύρνη, όπου παρέμεινε για ένα διάστημα. Η βαθιά εντύπωση που προξένησε στους συνανθρώπους του εδώ, είχε σαν αποτέλεσμα την συγκέντρωση αρκετών χρημάτων για την έκδοση δύο σπουδαίων βιβλίων, που έγιναν τα σπουδαιότερα κλασσικά έργα της Ορθοδοξίας στη νεώτερη εποχή, τη *Φιλοκαλία* και τον *Ευεργετινό*.

Το 1784, ο άγιος Μακάριος επέστρεψε στο Άγιο Όρος για μια ακόμη φορά και συναντήθηκε με τον άγιο Νικό-

---

[1] Τα Μνημόσυνα της Κυριακής, που τελούνται σήμερα, εγκρίθηκαν από τους Οικουμενικούς Πατριάρχες Θεοδόσιο Β΄ (18ος αιώνας) και Γρηγόριο Ε΄ (19ος αιώνας).

matters of family property. On this last matter, he revoked all his rightful claims of inheritance and in an act of magnanimous charity burned the lists of his deceased father's debtors. Having so remarkably demonstrated to his relatives and friends in Corinth the primacy of Christian virtue in his life, St. Makarios departed for Chios and eventually came to Smyrna where he settled for a while. As a result of his deep impression on the people here, he was able to raise the money for the publication of two great books, which became the greatest classics of Orthodoxy in the modern era, the *Philokalia* and the *Evergetinos*.

In 1784, St. Makarios revisited Mount Athos and once again met with St. Nikodemos the Hagiorite and then returned to Chios to finish there his earthly course and work. He chose a place for ascetic retreat on the southeastern slope of Mount Aepos, near a place called Brontades, which he named after St. Peter the Apostle; and settled here until the end of his life with the only exception being a short visit to the community of the *Collybades* under Nēphōn on the island of Ikaria. He soon became the holy man (*ho hagios*) of Chios, and was visited by all sorts of people from all walks of life and places, giving them instruction and advice, initiating them into the secrets and powers of Christian prayer.

Saint Makarios' fame and influence spread all over the island of Chios and beyond. It was a double fame, of

δημο τον Αγιορείτη. Εν συνεχεία επισκέφθηκε τη Χίο όπου και τελείωσε το επίγειο ταξίδι του και τη διακονία του. Διάλεξε για ασκητικό του καταφύγιο μια πλαγιά στη νοτιοανατολική πλευρά του όρους Αίπους, στην περιοχή Βροντάδες, την οποία ονόμασε των αγίων Πέτρου και Παύλου. Έζησε εδώ το υπόλοιπο της ζωής του με μια μόνο εξαίρεση, μια σύντομη επίσκεψη στην κοινότητα των *Κολλυβάδων* υπό τον Νήφωνα στην Ικαρία. Εδώ έγινε γνωστός ως ο άγιος της Χίου, στον οποίον πρόστρεχαν άνθρωποι από κάθε κοινωνική τάξη και θέση, για ν' ακούσουν τη διδαχή του, να πάρουν τη συμβουλή του, και να μυηθούν στα μυστήρια και στη δύναμη της εν Χριστώ προσευχής.

Η φήμη και η επιρροή του αγίου Μακαρίου ξαπλώθηκε σ' ολόκληρο το νησί της Χίου και πέραν απ' αυτό. Είχε διπλό χαρακτήρα, γιατί ήταν φήμη αγίου ασκητού αλλά και σοφού διδασκάλου, και κατά συνέπεια είχε επιρροή πνευματική και θεολογική. Αυτό φαίνεται από τους λόγιους θεολόγους, που το επισκέπτονταν στο καταφύγιό του στη Χίο. Μεταξύ τους βρίσκουμε τον περισπούδαστο δάσκαλο στο γυμνάσιο της Χίου, Αθανάσιο Πάριο (1722-1813), τον Νικηφόρο της Χίου, τον Αγιορείτη συνάδελφό του ασκητή, Νείλο Καλόγνωμο, επίσης από τη Χίο, τον Ιωσήφ από τα Φουρνά, στα Άγραφα Όρη της Ελλάδας, τον Μελέτιο από τη Χίο, του οποίου η καταγωγή ήταν από την

a saint and of a scholar, and accordingly, his influence was both spiritual and scholarly. This is particularly seen in the gathering of a number of scholars around his abode in Chios among whom we find the erudite scholar of the Gymnasium of Chios Athanasius Parios (1722–1813), Nikephoros of Chios, the Hagiorite fellow ascetic of his, Neilos Calognōmos also from Chios, Joseph from Fourna in the Agrapha Mountains of Greece, Meletios from Chios whose descent went back to Proussa and the preacher and author Joasaph the Rhodian.

St. Makarios departed from this life on April 17, 1805, having suffered the side effects of a serious stroke for eight months. He was buried in the courtyard of the Church of St. Peter, which was renamed by the people of Chios, as the Church of St. Makarios. Thus, as Athanasius Parios, his biographer, suggests, the hierarch was counted with the hierarchs, the ascetic with the ascetics, the martyr with the martyrs.[2]

---

[2] For fuller information and bibliography, see G. D. Dragas, *Ecclesiasticus II: Orthodox Icons, Saints, Feasts and Prayer*, Orthodox Research Institute, Rollinsford, New Hampshire, 2005, pp. 245–249.

Προύσα, και τον ιεροκήρυκα και συγγραφέα Ιωάσαφ τον Ρόδιο. Ο άγιος Μακάριος έφυγε από τη παρούσα ζωή στις 17 Απριλίου του 1805, ύστερα από 8μηνη ημιπληγία. Ετάφη στην αυλή της Εκκλησίας του αγίου Πέτρου, που μετονομάστηκε από το λαό της Χίου «εκκλησία του αγίου Μακαρίου». Έτσι, όπως τονίζει ο βιογράφος του Αθανάσιος Πάριος, ο αρχιερέας προστέθηκε στους αρχιερείς, ο ασκητής στους ασκητές, ο μάρτυρας στους μάρτυρες.[2]

---

[2] Για περισότερος πληροφορίες και για σχετική βιβλιογραφία, βλέπε G. D. Dragas, *Ecclesiasticus II: Orthodox Icons, Saints, Feasts and Prayer*, Orthodox Research Institute, Rollinsford, New Hampshire, 2005, pp. 245-249.

ΕΙΣΑΓΩΓΗ

Στην ορθόδοξη παράδοση το κλειδί κάθε προσευχής είναι το *Πάτερ Ημών*, η Κυριακή προσευχή. Πράγματι, μια προσεχτική έρευνα στα πολύτιμα έργα των Πατέρων της Εκκλησίας μας μας πείθει, ότι όλες οι προσευχές πρέπει να σχετίζονται με την Κυριακή Προσευχή, που αντιπροσωπεύει μια πληρότητα που δεν βρίσκεται πουθενά αλλού. Στο αρχαίο εγχειρίδιο Πίστεως και Τάξεως, τη *Διδαχή των Δώδεκα Αποστόλων* (1^{ου} αιώνα), αναφέρεται η υποχρέωση των χριστιανών να λένε το *Πάτερ Ημών* τρεις φορές την ημέρα. Το ίδιο τονίζεται και στο μεταγενέστερο εγχειρίδιο των *Αποστολικών Διαταγών* (κ. 24), που καθορίζει «τα σχετικά με το βίο των χριστιανών, τη Θεία Ευχαριστία και τα άλλα ιερά Μυστήρια, που συνδέονται με τη μύηση στη χριστιανική πίστη.»

Γι αυτό το λόγο επέλεξα να προσφέρω στη στήλη αυτή μια σύντομη εξήγηση της Κυριακής Προσευχής, με βάση τη διδασκαλία ενός από τους μεγαλύτερους άγιους και πνευματικούς πατέρες της νεώτερης εποχής, του αγίου Μακαρίου Κορίνθου (1731 – 1805), που είναι γνωστός ως

INTRODUCTION

In the Orthodox Tradition, the key to all Prayer is to be found in the Lord's Prayer. Indeed, a careful survey of the great treasures of our Fathers on the subject of Prayer indicates that all genuine prayers are related to the Lord's Prayer and that the latter represents a fullness which is not to be found elsewhere. In the earliest manual of Church life and order, the *Didache of the Twelve Apostles* (1st c. AD), the recital of the Lord's Prayer three times daily is for the faithful a matter of obligation. This is reiterated in the seventh book of the later manual of the *Apostolic Constitutions* (ch. 24), a later manual (3rd c.), which deals with "the manner of life of the Christians, the Divine Eucharist and Christian Initiation."

For this reason, I have chosen to offer here a brief exposition of the Lord's Prayer following the teaching of one of our greatest modern Orthodox Saints and Spiritual Masters, St. Makarios of Corinth (1731 – 1805), who is known as the compiler of the *Philokalia*, which was

ο συλλέκτης της *Φιλοκαλίας*, που εκδόθηκε από τον άλλο μεγάλο πατέρα της νεώτερης εποχής της Εκκλησίας μας τον άγιο Νικόδημο τον Αγιορείτη. Συγκεκριμένα η διδασκαλία αυτή βρίσκεται στο πολύτιμο βιβλίο του αγίου Μακαρίου *Περί Συνεχούς Μεταλήψεως*, που εκδόθηκε για πρώτη φορά στη Βενετία το 1783. Μάλιστα προτάσσει ο άγιος τη διδασκαλία αυτή στο βιβλίο του, γιατί τη θεωρεί σαν προπαρασκευαστική για τη Θεία Κοινωνία. Στο κείμενο που ακολουθεί προσφέρεται μια απλοποιημένη παράφραση των λόγων του αγίου Μακαρίου, με την ελπίδα και την ευχή να γίνει αφετηρία για μια βαθύτερη κατανόηση αυτής της κατ εξοχήν χριστιανικής Προσευχής και μια συνεπέστερη πνευματική ζωή.

Αυτό που τονίζει κατ αρχήν ο άγιός μας είναι η ερμηνευτική προοπτική του αγίου Μάξιμου του Ομολογητή, ότι, δηλαδή, η Κυριακή Προσευχή περιλαμβάνει μέσα της επτά βασικά μυστήρια της πίστεώς μας: 1) τη *Θεολογία*, 2) την *Υιοθεσία*, 3) την *Εξίσωση με τους Αγγέλους*, 4) την *Πρόγευση της αιώνιας ζωής*, 5) την *Ανασυγκρότηση της ανθρώπινης φύσης*, 6) την *Κατάργηση του νόμου της αμαρτίας* και 7) και την *Εξαφάνιση της τυραννίας του διαβόλου*.

(1) Η *Θεολογία* και (2) η *Υιοθεσία* περιλαμβάνονται στην αρχή της Προσευχής, δηλ. στο «*Πάτερ ημών... αγιασθήτω το όνομά σου, ελθέτω η βασιλεία σου.*» Η τριπλή αυτή διατύπωση μας διδάσκει ότι ο Θεός είναι

published by the other great Father of the modern era of our Church, St. Nikodemos the Hagiorite. St. Makarios' profound exposition is found in his great book entitled *Constant Communion*, which was first published in Venice in 1783. It forms the first part of the book and is presented as the key to the Orthodox Christian's preparation for Holy Communion. My presentation of this teaching below will be made in the manner of a paraphrase of the original Greek text of St. Makarios. I present it here in the hope that it will serve those who read it towards gaining a deeper understanding and appreciation of the Lord's Prayer, which is the most common and the most important among all the Christian prayers, and a more consistent spirituality.

St. Makarios first notes that, according to Saint Maximos, the Lord's Prayer contains seven Mysteries: (1) *Theology*, (2) *Adoption*, (3) *Equality with Angels*, (4) *Enjoyment of Eternal Life*, (5) *Restitution of Human Nature*, (6) *Abolition of the Law of Sin*, and (7) *Destruction of the Tyranny of the Devil*.

(1) *Theology* and (2) *Adoption* are contained in the beginning of the prayer, the "*Our Father ... hallowed be Thy name, Thy Kingdom come*." This phrase teaches us both how God is by nature Father of the Son and projector of the Holy Spirit and how through creation and by grace He is also our Father and we are His sons.

από τη φύση Του Πατέρας του Υιού Του και εκπορευτής του Αγίου Πνεύματος, αλλά και ότι με τη δημιουργία και τη χάρη Του γίνεται επίσης και δικός μας Πατέρας, καθιστώντας και εμάς υιούς Του.

(3) Η *Εξίσωση με τους Αγγέλους* περιλαμβάνεται στην πρόταση, «*Γεννηθήτω το θέλημά Σου ως εν ουρανώ και επί της γης.*» Η πρόταση αυτή ζητά την εξομοίωσή μας με τους Αγγέλους, έτσι ώστε το θείο θέλημα να γίνεται στη γη όπως και στον ουρανό.

(4) Η *Πρόγευση της αιώνιας ζωής* περιέχεται στην αίτηση «*Τον άρτον ημών τον επιούσιον δος ημίν σήμερον.*»

(5) Η *Ανασυγκρότηση της ανθρώπινης φύσης* δηλώνεται στην αίτηση «*και άφες ημίν τα οφειλήματα ημών ως και ημείς αφίεμεν τοις οφειλέταις ημών*», διότι όταν συγχωρούμε τους συνανθρώπους μας, φίλους ή εχθρούς, ανασυγκροτούμαστε ή επανενωνώμαστε μαζί τους, και δεν υφίσταται πλέον διαχωρισμός ανάμεσά μας εξ αιτίας κάποιας ιδιωτικής ή εγωιστικής εκλογής.

(6) Η *Κατάργηση του νόμου της αμαρτίας* φανερώνεται στην αίτηση «*και μη εισενέγκης ημάς εις πειρασμόν*», ο οποίος προέρχεται από το νόμο της αμαρτίας.

(7) Τέλος η *Εξαφάνιση της τυραννίας του διαβόλου* διαδηλώνεται στους λόγους του Κυρίου «*αλλά ρύσαι ημάς από του Πονηρού.*»

Η Διδασκαλία αυτή του Κυρίου μας ονομάζεται *Προσευχή*, διότι μας διδάσκει, τι πρέπει εμείς οι άνθρωποι

(3) *Equality with Angels* is contained in the words, "*Thy will be done on earth as it is in heaven*," by which we request our union with the Angels, so that as the will of God is done in heaven by the heavenly Angels, likewise it may be done by us who are earthly.

(4) The *Enjoyment of Eternal Life* is contained in the statement, "*Give us today our daily bread.*"

(5) The *Restitution of the Human Nature* is signified by the statement, "*Forgive us our trespasses as we forgive those who trespass against us*," because when we forgive our fellow-human beings, friends or foes, we are reunited with them and are no longer separated by the difference of private opinion and selfish choice.

(6) The *Abolition of Sin* from us is revealed by the petition, "*And lead us not into temptation*," which really asks that we should be spared from the temptation, which derives from the law of sin.

(7) Finally, the *Destruction of the Tyranny of the Devil* is signified by the words, "*But deliver us from the Evil One.*"

This teaching of our Lord is called *Prayer*, because it teaches us what sort of things we human beings ought to seek from God and what gifts God wants to give to us.

Apart from these Seven Mysteries, St. Makarios also notes that there are three parts to the Prayer: (a) The dox-

να ζητάμε από το Θεό, και τι δώρα θέλει ο Θεός να μας δίνει.

Εκτός από τα Επτά Μυστήρια ο άγιος Μακάριος βλέπει και μια τριαδική δομή στην Προσευχή: α) Τη δοξολογία του Θεού, β) την ευχαριστία προς το Θεό για τις δωρεές που μας χάρισε και συνεχίζει να μας χαρίζει, και γ) τη αίτηση στο Θεό για την άφεση των αμαρτιών και τις άλλες αιτήσεις.

Τέλος, σημειώνει ο άγιός μας και το γεγονός ότι οι επτά προτάσεις της Κυριακής Προσευχής αναφέρονται στον παρόντα έβδομο αιώνα (της Χάριτος) κατά τον οποίον επιτρέπεται στον άνθρωπο να ζητά και να λαμβάνει από το Θεό. Στον όγδοο αιώνα (δηλ. στον μέλλοντα ή ερχόμενο) δεν θα υπάρχει αυτή η ευκαιρία, γιατί ο άνθρωπος δεν θα έχει τη δυνατότητα να εργάζεται και να ανταμοίβεται για τα έργα του.

Ας στρέψουμε όμως τώρα την προσοχή μας και ας εξετάσουμε τα *Επτά Μυστήρια* της Προσευχής.

ology and praise of God; (b) The thanksgiving of God for the benefits which He gave, continues to give and will continue to give; (c) The petition of the remission of our sins and those of others and the other petitions.

Finally, St. Makarios notes that there are seven clauses to the Lord's Prayer, because it is in this seventh age (the age of Grace) that man has permission to ask and receive from God. In the eighth age (i.e. the "future age," or the "age to come"), we shall be unable to do this, because then, there will be no opportunity for work but only recompense for past deeds.

Now, let us turn to these *Seven Mysteries* and examine them in greater detail.

ΠΑΤΕΡ ΗΜΩΝ
Ο ΕΝ ΤΟΙΣ ΟΥΡΑΝΟΙΣ

Τ‌ο έλεος του Θεού είναι πραγματικά μεγάλο. Η αγάπη Του για τον άνθρωπο είναι απερίγραπτη, ιδιαίτερα αν αναλογισθεί κανείς, ότι αγαπά εμάς που αποδειχθήκαμε αχάριστοι και αγνώμονες προς τον μέγα ευεργέτη μας. Όχι μόνο μας σήκωσε, όταν πέσαμε στην αμαρτία, εξ αιτίας της αγάπης Του, αλλά και μας παρέδωσε τους νόμους της προσευχής, που οδηγούν πίσω στο Θεό, και αποβαίνουν σε κέρδος μας, ώστε να μη ξαναπέσουμε στην αμαρτία από έλλειψη σωφροσύνης. Για το λόγο αυτό ανεβάζει το νου μας, στην αρχή κιόλας της Προσευχής, στο σπουδαιότερο ζήτημα, τη *Θεολογία*, δείχνοντάς μας τον φυσικό Πατέρα Του ως τον Δημιουργό ολόκληρης της ορατής και αόρατης δημιουργίας, ως και στην *Υιοθεσία*, την οποία αξιωθήκαμε να λάβουμε εμείς οι χριστιανοί, και εκ αιτίας της οποίας έχουμε τη δυνατότητα να αποκαλούμε το Θεό Πατέρα μας κατά χάριν.

Εφόσον ο Κύριος μας Ιησούς Χριστός «*ενηνθρώπησε*», δηλ. έγινε άνθρωπος, απέκτησε την εξουσία να καθιστά όσους Τον πιστεύουν τέκνα και υιούς του Θεού μέ-

OUR FATHER
WHO ART IN HEAVEN

The compassion of the Lord is truly great. His love of man is inexpressive, especially when we consider that He loves those who are ungrateful to and ignominious of their great benefactor. Not only did He raise us up when we fell into sin, on account of His infinite love, but also delivered to us the laws of prayer, which lead to God and work for the benefit of mankind, so that we may not fall again into the same sins by imprudence. For this reason, He fittingly raises our mind at the beginning of the Prayer to the highest chapter of *Theology*, showing His natural Father to be the Creator of the entire visible and invisible creation, and to the *Adoption*, which Christians were deemed worthy to receive, and which enables them to call Him Father by grace.

Since our Lord Jesus Christ was *incarnated*, i.e. became man, authority was given to all who believe in Him to become children and sons of God by the means of Holy Baptism (John 1:12). The Apostle Paul writes: "*For all of you are sons of God through faith in Christ Jesus*"

σω του αγίου Βαπτίσματος (Ιωάν. 1:12). Όπως γράφει ο Απόστολος Παύλος: «*Διότι όλοι σας είστε ενωμένοι με το Χριστό Ιησού μέσω της πίστεως*» (Γαλ. 3:26). Και κάπου αλλού γράφει, «*Και επειδή είσαστε υιοί, εξαπέστειλε ο Θεός το Πνεύμα του Υιού Του στις καρδιές σας, ώστε να φωνάζετε Αββά ο Πατήρ*» (Γαλ. 4:6).

Γι αυτόν ακριβώς το λόγο, μας παραγγέλνει ο Κύριός μας να προσευχόμαστε στο Θεό ως «*Πατέρα ημών κατά χάριν*», ώστε να διατηρηθούμε στη χάρη της Υιοθεσίας μέχρι το τέλος της ζωής μας. Δηλαδή για να είμαστε τέκνα Θεού όχι μόνον κατά τη στιγμή της Βαπτίσεώς μας, κατά την οποίαν αναγεννιόμαστε «κατά χάριν», αλλά και καθ όλη τη διάρκεια της ζωής μας, τόσο στην πίστη όσο και στην πράξη. Κι αυτό γιατί όποιος δεν πράττει έργα πνευματικά, επάξια της αναγέννησής του, αλλά αμαρτάνει, δεν είναι άξιος να ονομάζει το Θεό Πατέρα, αλλά μάλλον τον διάβολο, όπως άλλωστε το λέει και ο ίδιος ο Κύριος: «*Εσείς είσαστε από τον Πατέρα σας το Διαβόλο, και θελέτε να κάνετε ότι είναι η επιθυμία του Πατέρα σας*» (Ιωάν. 8:44).

Μας καλεί, λοιπόν, να ονομάζουμε το Θεό Πατέρα μας, *πρώτον* για να μας υπενθυμίζει ότι πραγματικά γίναμε τέκνα του Θεού με την αναγέννηση του Βαπτίσματος. *Δεύτερον*, για να μας διδάσκει, ότι πρέπει να είμαστε μετριόφρονες όσον αφορά στη σχέση μας με το Θεό, εφόσον απαιτείται από εμάς να αποκτήσουμε τα χαρα-

(Gal. 3:26). And again, *"And because you are sons, God sent the Spirit of His Son into your heart, crying Abba, Father"* (Gal. 4:6).

For this reason, our Lord commands us to pray to *"Our Father by grace,"* in order to keep ourselves always under the grace of *Adoption* to the very end of our life, i.e. to be children of God not only at the moment of our regeneration by grace through Baptism, but also throughout our life, both in faith and in deed. Because whoever does not do spiritual works, worthy of the regeneration from above, but sins, he is not worthy to call God his Father, but the devil, as the Lord Himself says: *"You are from your father, the devil, and you wish to do your father's desires"* (John 8:44).

He commands us to call Him our Father *firstly* in order to inform us that we were truly born as children of God with the regeneration of the divine Baptism, and *secondly* in order to teach us that we must be modest about our relation to Him, because we are obliged to acquire the attributes, i.e. the virtues, of our Father. The Lord Himself says, *"Become, therefore, merciful, as your Father is merciful"* (Luke 6:36), or as St. Peter writes: *"Tying up the loins of your thought, being alert, hope perfectly on the grace which is brought to you in the revelation of Jesus Christ; as children of obedience, not being conformed to the previous desires owed to your ignorance, but become*

κτηριστικά, δηλ. τις αρετές του Πατέρα μας. Ο ίδιος ο Κύριος μας το λέει: «*Να γίνεσθε, λοιπόν, οικτίρμονες, όπως είναι και ο Πατερα σας οικτίρμων*» (Λουκ. 6:36). Ή όπως το θέτει ο Απόστολος Πέτρος: «*Γι αυτό, λοιπόν, ζωστείτε στη διάνοιά σας, αγρυπνείτε, στηρίξτε ολοκληρωτικά την ελπίδα σας στη χάρη που σας περιμένει κατά την αποκάλυψη του Χριστού, σαν υπάκουα τέκνα που δεν συμμορφώνονται με τις επιθυμίες που είχαν πριν λόγω άγνοιας, αλλά γίνεστε άγιοι σε κάθε συναναστροφή σας, όπως είναι άγιος Εκείνος που σας κάλεσε, διότι έτσι είναι γραμμένο, Να γίνεστε άγιοι, όπως Εγώ είμαι άγιος*» (Α΄ Πετρ. 1:13). Ο άγιος Βασίλειος το θέτει ως εξής: «Είναι χαρακτηριστικό εκείνου που αναγεννήθηκε εκ Πνεύματος Αγίου, να γίνεται όπως Εκείνος, δηλ. το Πνεύμα το Άγιο από το οποίο γεννήθηκε, κατά το μέτρο της Δωρεάς». Όπως λέει η Γραφή, «*Αυτό που γεννήθηκε από σάρκα είναι σάρκα, και αυτό που γεννήθηκε από πνεύμα είναι πνεύμα*» (Ιωάν. 3:6).

Τρίτον μας διδάσκει να αποκαλούμε το Θεό Πατέρα μας, επειδή πιστέψαμε στον Μονογενή Του Υιό, και έτσι συμφιλιωθήκαμε μαζί Του, ενώ ήμασταν προηγουμένως εχθροί Του και τέκνα οργής. Επίσης με το «*Πάτερ ημών*» μας φανερώνει, ότι όσοι αναγεννήθηκαν με το ιερό Βάπτισμα είναι γνήσια αδέλφια, τέκνα του ίδιου Πατέρα, του ίδιου Θεού, δηλ. αδέλφια που αποτελούν τη μία, αγία, καθολική και αποστολική εκκλησία, τα οποία

holy in every contact, according to the holy one who called you, because it is written: Become holy as I am holy. And if you call Father Him who judges everyone without partiality according to His work, make your contact during the time of your stay here in fear" (I Pet. 1:13). St. Basil the Great says: "It is a characteristic of him who was born of the Holy Spirit, to become like Him according to the measure of the Gift, i.e. like the Spirit of Whom he was born." As it is written: "*What is born of flesh is flesh, and what is born of spirit is spirit*" (John 3:6).

Thirdly, He teaches us to call Him Father, because we believed in His only-Begotten Son, and thus were reconciled to God, while we were His enemies and children of wrath. Saying, "*Our Father*," He also revealed that those reborn through Holy Baptism are all genuine brothers, and children of the same Father, God Himself, and brothers of one another. As such, they constitute the One, Holy, Catholic and Apostolic Church, and hence, they must love one another as true and genuine (legitimate) children; as the Lord commands us, who says: "*This is My commandment, that you love one another*" (John 15:12, 17).

Here, we should also note that with respect to human existence in general, i.e. creation, God is called Father of all men, both believers and unbelievers. Therefore, we owe love to all men, because having been created by the

συνδέει μια αγάπη που τα καθιστά τέκνα αληθινά και γνήσια. Όπως το λέει ο ίδιος ο Κύριος, «*Αυτή είναι η δική μου η εντολή, να αγαπάτε ο ένας τον άλλο, όπως εγώ σας αγάπησα*» και «*αυτά σας δίνω για εντολές, να αγαπάτε ο ένας τον άλλον*» (Ιωάν. 15,12 και 17).

Εδώ πρέπει να σημειωθεί, ότι όσον αφορά στην κτιστή ανθρώπινη ύπαρξή μας γενικά, δηλ. στην δημιουργία μας, ο Θεός αποκαλείται Πατέρας όλων των ανθρώπων, πιστών και απίστων. Κατά συνέπεια, οφείλουμε να αγαπάμε όλους τους ανθρώπους, τους οποίους δημιούργησε ο Θεός και τους οποίους τιμούμε εξ ίσου. Όσον αφορά όμως στη νέα δημιουργία, δηλ. την «εν Χριστώ» αναδημιουργία μας, εμείς οι χριστιανοί οφείλουμε να έχουμε αγάπη μεταξύ μας πολύ πιο ευρύτερη, εφόσον είμαστε ενωμένοι με διπλό δεσμό, τη φύση και τη χάρη.

Μιλώντας για την Πατρότητα του Θεού στα πλαίσια της δημιουργίας και της αναδημιουργίας, πρέπει να σημειώσουμε, ότι οι άνθρωποι υποδιαιρούνται σε τρεις κατηγορίες: *γνήσιους υιούς* (ή δούλους), *ψευδείς υιούς* και *κακούς υιούς*, οι οποίοι είναι εχθροί και αντίπαλοι στο Θεό. Οι γνήσιοι υιοί είναι εκείνοι που πιστεύουν στο Χριστό σωστά, και τηρούν το θέλημά Του με χαρά. Οι ψευδείς υιοί είναι εκείνοι που πίστεψαν στο Χριστό, και έλαβαν το ιερό Βάπτισμα, αλλά δεν τηρούν τις εντολές Του. Οι τελευταίοι είναι και αυτοί υιοί Θεού, εφόσον δημιουργήθηκαν από το Θεό, είναι όμως κακοί,

hands of God, they are all equally honored. We owe hate to evil alone and not to any creature of God. But in regards to the new creation, i.e. our recreation "in Christ," we Christians must love one another more abundantly, because we are united by a double bond, both by nature and by grace.

Talking about God's Fatherhood in the contexts of creation and new creation, we must also note that all men are divided into three classes: *genuine sons* (servants), *false sons* and *evil sons* who are enemies and opponents of God. The genuine sons are those who believe correctly and do the will of God with joy. The false sons are those who believe in Christ and have received Holy Baptism, but do not observe His commandments; and those of the third class, although they too are sons as God's creatures, are evil, because they are enemies and opponents of God, even though they are very weak and cannot do very much against Him. Evil sons are also those who believed in Christ but afterwards fell into various heresies and who have rejoined those unbelievers and impious who have never been joined to Christ.

We, however, who were deemed worthy to become servants and sons of God by grace through regeneration and Holy Baptism, should no longer yield to servitude to our enemy the Devil, by falling into his evil will of our own accord, lest we become like those, of whom the

διότι αντιστέκονται στο Θεό, και τον αντιμετωπίζουν εχθρικά, αν και δεν έχουν τη δύναμη να επιτύχουν τίποτε εναντίον Του. Κακοί υιοί είναι επίσης και όσοι πίστεψαν στο Χριστό, αλλά ύστερα έπεσαν σε διάφορες αιρέσεις, οι οποίοι εντάσσονται στους άπιστους και ασεβείς, που ποτέ δεν πίστεψαν, και ποτέ δεν συντάχθηκαν με το Χριστό.

Όσοι από εμάς αξιώθηκαν να γίνουν δούλοι Κυρίου και υιοί Θεού κατά χάριν με την αναγέννηση του ιερού Βαπτίσματος, οφείλουμε να μην παραδινόμαστε ποτέ πλέον στη δουλεία του εχθρού μας του Διαβόλου, με το να πέφτουμε θεληματικά στο κακό, μήπως και καταλήξουμε να συμπεριληφθούμε μ' αυτούς τους «*εζωγρημένους υπό του διαβόλου*», όπως τους αποκαλεί ο Απόστολος, δηλ. αυτούς που παγιδεύτηκαν και αιχμαλωτίστηκαν στο θέλημα του Εωσφόρου (Β' Τιμ. 2:26).

Εφόσον ο Πατέρας μας βρίσκεται στον ουρανό, θα πρέπει να κοιτάμε με το νου μας (τον οφθαλμό της ψυχής μας) στον ουρανό, όπου βρίσκεται η πατρίδα μας, η άνω Ιερουσαλήμ, και όχι εδώ κάτω στη γη, όπως τα άλογα ζώα. Πρέπει να αποβλέπουμε στον γλυκύτατο Σωτήρα και Κύριό μας, και στις ουράνιες ομορφιές που υπάρχουν στον παράδεισο. Όχι μόνο την ώρα της προσευχής, αλλά και σε κάθε περίσταση και τόπο, ο νους μας θα πρέπει να είναι προσηλωμένος στον ουρανό, έτσι ώστε ποτέ να μην αποπλανάται εδώ κάτω στη γη από τα φθαρτά και πρόσκαιρα πράγματα του κόσμου τούτου.

Apostle says that "*they were trapped by the Devil to doing his own will*" (2 Tim. 2:26).

Since our Father is in heaven, we must look with our mind (the eye of our soul) to heaven, where our fatherland is, the heavenly Jerusalem, and not to the earth below, like irrational animals. We must look to our sweetest Savior and Master, and to the heavenly beauties of Paradise. Not only at the time of prayer, but at every time and place, our mind should be fixed on heaven, so that it may never be spoiled here below by the corruptible and fleeting things of this world. In a way, we ought to force ourselves every day, for as the Lord says: "*Since the days of John the Baptist and until the present, the Kingdom of God is forced, and those who force it take it*" (Matt. 11:12); so that "*the image of God in us*" may be retained unimpaired and pure, and thus, little by little, we may ascend up to "*the likeness of God*" as far it is possible. God shall, then, sanctify us, and we shall sanctify His holy name on earth as we are taught in the first petition of the Prayer.

Κατά κάποιο τρόπο πρέπει να πιέζουμε τον εαυτό μας καθημερινά, γιατί όπως λέει ο Κύριος: «από της ήμερας του Ιωάννου του Βαπτιστού μέχρι σήμερα η βασιλεία των ουρανών βιάζεται, και οι βιαστές την αρπάζουν» (Ματθ. 11:12). Έτσι θα διατηρήσουμε «*το κατ' εικόνα Θεού*» αλώβητο και καθαρό μέσα μας, και θα φθάσουμε σιγά-σιγά στο «*καθ' ομοίωση Θεού*» όσο είναι εφικτό. Έτσι και ο Θεός θα μας αγιάσει, και εμείς θα αγιάσουμε το πανάγιο Όνομά Του επί της γης, όπως μας προσκαλεί να πράξουμε η πρώτη αίτηση της Κυριακής Προσευχής.

ΑΓΙΑΣΘΗΤΩ ΤΟ ΟΝΟΜΑ ΣΟΥ

Είναι μήπως επειδή δεν είναι άγιο το Όνομα του Θεού που ζητάμε να αγιαστεί; Πώς όμως μπορεί να συμβαίνει αυτό, τη στιγμή που ο Θεός είναι η πηγή της αγιότητας; Δεν είναι από Εκείνον που όλα, όσα υπάρχουν στον ουρανό και στη γη, αγιάζονται; Γιατί λοιπόν ζητάμε να αγιαστεί το Όνομά Του; Το Όνομα του Θεού είναι άγιο από τη φύση Του, και μάλιστα πανάγιο, αφού είναι ο Θεός η πηγή του αγιασμού. Όταν κατονομάζεται, αγιάζει όλα εκείνα με τα οποία συνδέεται, χωρίς να επιδέχεται μείωση ή αύξηση της αγιότητάς Του. Εντούτοις, ο Θεός αρέσκεται στο να δοξάζεται το Όνομά Του από όλα τα κτίσματά Του, όπως μας πληροφορεί ο Προφήτης Του: *«Ευλογείτε τον Κύριον πάντα τα έργα Αυτού»* (Ψαλμ. 102:2). Το απαιτεί αυτό όχι τόσο γιατί το χρειάζεται ο ίδιος, αλλά γιατί μ' αυτόν τον τρόπο αγιάζονται τα κτίσματα Του από Αυτόν. Γι' αυτόν λοιπόν τον λόγο ο,τιδήποτε κάνουμε πρέπει να το κάνουμε *«προς δόξαν Θεού»*, ή, όπως το θέτει ο Απόστολος, *«Όταν κάθεσθε να φάτε, η να πιείτε, η να κάνετε κάτι τι,*

HALLOWED BE THY NAME

Is it because God's name is not holy that we must ask for it to be hallowed? How can this be if He is the source of holiness? Is it not from Him that all things in heaven and on earth are sanctified? Why, then, does He ask us now to hallow His name? The name of God is by nature holy and all-holy, and the source of sanctification. When it is named, it sanctifies all things on which it is pronounced, and it does not admit of any increase or diminution of sanctity. However, God wants and loves that His name should be glorified by all His creatures as the Prophet-Psalmist says: *"Bless the Lord all His works"* (Ps. 102:2). And He demands that not so much for Himself, but that the creatures themselves may be sanctified by Him. For this reason, whatever we do, must be all done *"to the glory of God,"* according to the Apostle who says, *"Whenever, then, you eat, or drink, or you do something, do it all to the glory of God"* (1 Cor. 10:31).

God's name is sanctified, when we do holy works in accordance with our holy faith. When other men see our

όλα να τα κάνετε για τη δόξα του Θεού» (Α' Κορ. 10:31).

Το Όνομα του Θεού αγιάζεται, όταν κάνουμε άγιες πράξεις σύμφωνα με την άγια πίστη μας. Όταν οι άλλοι άνθρωποι βλέπουν τα καλά μας έργα, τότε δοξάζεται ο Θεός, ο οποίος μας δίνει σοφία και δύναμη να πράξουμε το καλό. Τότε επίσης και οι μη πιστοί αποκτούν γνώση της αλήθειας, βλέποντας ότι τα έργα μας επιβεβαιώνουν την πίστη μας. Γι' αυτό και ο ίδιος ο Κύριος μας έδωσε την εντολή έτσι ακριβώς να ενεργούμε: *«Το φως σας πρέπει να λάμπει μπροστά στους ανθρώπους με τέτοιο τρόπο, ώστε να δουν τα καλά σας έργα και να δοξάσουν τον Ουράνιο Πατέρα σας»* (Ματθ. 5:6).

Τουναντίον, όταν πράττουμε το αντίθετο, το Όνομα του Θεού βλασφημείται. Αυτό λέει ο Απόστολος Παύλος: *«Διότι το όνομα του Θεού βλασφημείται μεταξύ των απίστων εθνών εξ αιτίας σας»* (Ρωμ. 2:24 συγκρ. και Ησ. 52:5). Αυτό είναι τρομερό λάθος, που τιμωρείται αυστηρά, επειδή οι άλλοι άνθρωποι, και μάλιστα οι άπιστοι, μπορούν να σχηματίσουν την εντύπωση, ότι ο Θεός μας διάταξε να προβούμε σε μια τέτοια συμπεριφορά.

Η πραγματική ζωή των αρετών επιτυγχάνεται, όταν τηρούμε τις εντολές του Κυρίου, όπως άλλωστε μας διδάσκει και ο ίδιος στο Ευαγγέλιο: *«Εάν με αγαπάτε, τις εντολές μου να τηρήσετε»* (Ιωάν. 14:15). Όταν η αγάπη μας γι' Αυτόν φανερώνεται με την τήρηση των εντολών

good conduct, then we Christians glorify God who gives us wisdom and power to do good, and the unbelievers come to the knowledge of the truth seeing that our works confirm our faith. The Lord commanded us to do this when He said: "*Let your light so shine before men, that they may see your good works and glorify your Father in heaven*" (Matt. 5:16).

To do the opposite is to give cause for blasphemy against God. As St. Paul says: "*On your account the name of God is blasphemed among the nations*" (Rom. 2:24, Is. 52:5). This is a grave error, which is severely punishable, because men, and especially the unbelievers, may form the impression that we are ordered by our God to behave in an evil way. So, we must cultivate not only right faith and piety but also virtuous life and conduct.

Virtuous life is the keeping of the commandments of Christ as He Himself says: "*If you love Me, you must keep My commandments*" (John 14:15). When our love for Him is revealed in the observance of His commandments, then our faith is confirmed. Thus, the divine Chrysostom states:

"If no one can say Lord Jesus Christ except in the Holy Spirit, then it must be equally true that no one can possess confirmed faith, except in the Holy Spirit. But how can we actually obtain the help of the Spirit and persuade Him to stay with us? We can only achieve this

Του, τότε η πίστη μας είναι στερεωμένη. Αυτό τονίζει και ο άγιος Ιωάννης ο Χρυσόστομος:

«Αν κανείς δεν μπορεί να ομολογήσει το Χριστό παρά μονάχα «εν Πνεύματι Αγίω», τότε πρέπει να είναι εξίσου αληθές, ότι κανείς δεν μπορεί να έχει στερεωμένη πίστη χωρίς το Άγιο Πνεύμα. Πώς όμως μπορούμε πραγματικά να αποκτήσουμε το Άγιο Πνεύμα, και μάλιστα να διατηρήσουμε την παρουσία Του μέσα μας; Αυτό το κατορθώνουμε μονάχα με τις καλές πράξεις και την ενδεδειγμένη διαγωγή. Όπως το φως της λάμπας διατηρείται με το λάδι, και σβήνει όταν λείψει αυτό, έτσι και η χάρις του Αγίου Πνεύματος ξεχύνεται στην ψυχή μας, και παραμένει σαν φλόγα, που διατηρείται με το λάδι των καλών έργων και του απεριόριστου ελέους. Όταν απουσιάζει το έλεος, τότε μας εγκαταλείπει το Άγιο Πνεύμα. Αποκτούμε τη φλόγα του Πνεύματος μονάχα με την γενναιόδωρη φιλανθρωπία και το απεριόριστο έλεος, και έτσι ακριβώς ποτέ δεν ξεπέφτουμε από την πίστη μας. Η πίστη απαιτεί τη βοήθεια του Αγίου Πνεύματος, και η βοήθεια αυτή αποκτάται με την καθαρή ζωή και την καλή διαγωγή».

Αν λοιπόν πρόκειται να έχουμε στερεωμένη πίστη, πρέπει να αποκτήσουμε άψογη διαγωγή. Αυτή η διαγωγή θα πείσει το Πανάγιο Πνεύμα να παραμείνει μέσα μας, και να γεμίσει τη ζωή μας με τη δύναμή Του. Αλλά και το αντίθετο ισχύει. Δηλαδή, τα πονηρά έργα υποσκάπτουν την στερέωση της πίστης, όπως γράφει ο Απόστολος

through good works and perfect conduct. For as the light of a lamp is sustained by oil and goes out when the oil is spent, likewise the grace of the Spirit is shed on our soul and remains like a flame, sustained by oil when there are in us good works and great mercy. When there is no mercy in us, the Spirit abandons us. We obtain the fire of the Spirit only through generous philanthropy and extended mercifulness, and thus, we do not fall away from the faith. Faith requires the help of the Spirit and the help of the Spirit is obtained through a pure life and excellent conduct."

So, if we are going to have our faith confirmed, we are in need of pure conduct, which, in turn, persuades the Spirit to remain in us and fill our life with His power. The opposite is also true, i.e. that evil deeds undermine the firmness of the faith, which is shown by what Paul says to Timothy, when he writes, *"That you may fight in the good army, having faith and pure conscience (and the good conscience would be formed by right life and acts), which some have rejected, and have wrecked their faith"* (1 Tim. 1:18 – 19). And again elsewhere: *"The root of all evils is avarice which some have aspired to and were led astray from the faith"* (1 Tim. 6:10).

We see that both the unscrupulous and the avaricious were led astray, because the former lost good conscience, and the latter were conquered by material

Παύλος στο Τιμόθεο: «Να αγωνίζεσαι τον καλόν αγώνα, έχοντας πίστη και αγαθή συνείδηση (δηλ. την αγαθή συνείδηση που αναπτύσσεται όπου υπάρχει η σωστή διαγωγή και τα καλά έργα), την οποία απόρριψαν μερικοί, και ναυάγησαν στη πίστη» (Α' Τιμ. 1:18 – 19), και κάπου αλλού, «ρίζα πάντων των κακών είναι η φιλαργυρία, την οποίαν ορέγονται μερικοί και πλανούνται μακρυά από την πίστη» (Α' Τιμ. 6:10).

Βλέπουμε, λοιπόν, ότι και οι ασυνείδητοι και οι φιλάργυροι έχασαν το δρόμο τους, γιατί οι πρώτοι πρόδωσαν την αγαθή ζωή τους, και οι δεύτεροι νικήθηκαν από τα υλικά αγαθά. Αν τα λάβουμε αυτά σοβαρά υπ' όψη μας, και αναπτύξουμε μια σωστή και τέλεια διαγωγή, τότε θα αποχτήσουμε διπλό έπαθλο: το ένα για τα καλά μας έργα, και το άλλο για τη στερέωση της πίστης μας. Όπως η τροφή είναι για το σώμα, έτσι και η καλή διαγωγή είναι για την πίστη. Και όπως δεν διατηρείται η σάρκα χωρίς διατροφή, έτσι δεν διατηρείται και η πίστη χωρίς καλά έργα. Διότι «*πίστη χωρίς έργα είναι νεκρή*» (Ιάκ. 2:26).

Πολλοί αγκάλιασαν την πίστη και έγιναν χριστιανοί, επειδή όμως δεν απόκτησαν καλά έργα, που να ακολουθήσουν την πίστη τους, ξέπεσαν μακριά από την ευλογία της σωτηρίας τους. Σ' εμάς λοιπόν επαφίεται να είμαστε επιμελείς και στην πίστη και στα έργα, ώστε να επικαλεσθούμε με παρρησία τον Πατέρα, λέγοντας «*Αγιασθήτω το Όνομά Σου*», και να προχωρήσουμε στην επόμενη αίτηση, που αναφέρεται στη Βασιλεία Του.

goods. If we carefully take all this into account and we take care to develop a perfect conduct, we shall obtain a double reward: one reward for good works and another for firmness of faith; for as food is to the body, so is good conduct to faith. And just as the nature of our flesh could not be sustained without food, so our faith could not be kept without good works; *"for without good works our faith is dead"* (Jam. 2:26).

Many embraced the faith and were Christians, but because they did not have good works following the faith, fell off from the blessedness of salvation. As for us, let us become diligent both in faith and in good works so that we may call upon the Father and sanctify His name and proceed to the second petition of the Prayer, which refers to His Kingdom.

ΕΛΘΕΤΩ Η ΒΑΣΙΛΕΙΑ ΣΟΥ

Επειδή υποτάχθηκε εκούσια η ανθρώπινη φύση στον φονιά Διάβολο, γι αυτό μας παραγγέλνει ο Κύριος να ζητάμε από το Θεό Πατέρα μας να μας ελευθερώσει από τη τυραννία του Διαβόλου. Αυτό δεν επιτυγχάνεται με κανένα άλλο τρόπο παρά μόνο με την έλευση της Βασιλείας του Θεού, δηλ. την έλευση του Αγίου Πνεύματος στη ζωή μας. Το Άγιο Πνεύμα είναι εκείνο το οποίο εκβάλλει από μέσα μας τη τυραννία του εχθρού και γίνεται ο κυβερνήτης μας. Όσοι γίνονται τέλειοι, με το να αγιάζουν το Όνομα του επουράνιου Πατέρα στη ζωή τους, έχουν και το δικαίωμα να ζητήσουν και την έλευση της Βασιλείας Του, διότι έχουν ήδη επιτύχει την τελείωση της πνευματικής μακαριότητας. Όσοι όμως παραμένουν εγωκεντρικά κλεισμένοι στον εαυτό τους, δεν έχουν κανένα δικαίωμα να ανοίξουν το στόμα τους και να ζητήσουν αυτή την ευλογία. Χρειάζονται μάλλον να παρακαλέσουν το Θεό να τους φωτίσει με το Πνεύμα Του το Άγιο, και να δυναμώσει τη θέλησή τους, ώστε να επιδοθούν σε έργα μετάνοιας, ανταποκρινόμενοι στο κά-

THY KINGDOM COME

Since the human nature was willingly enslaved to the murderous Devil, the Lord commands us to beg God our Father to free us from the bitter tyranny of the Devil. This is achieved in no other way, except when the Kingdom of God, i.e. the Holy Spirit, comes to us, expels from us the tyrannical enemy and rules over us. Those who are perfect (who have sanctified the Father's name in this life) have the right to ask for the coming of the Kingdom of God the Father, because they have arrived at the perfection of spiritual blessedness. Those, however, who still remain egocentric and fixed upon themselves cannot even open their mouth to ask for such a blessing. They must, rather, beg God to send the Holy Spirit to enlighten them and strengthen them in their will, that they may engage in the works of repentance, because St. John the Forerunner says: *"Repent, for the Kingdom of God has arrived"* (Matt. 3:2). In other words, St. John asks them to repent for the sinful actions and prepare themselves to receive the Kingdom of heaven, i.e., the only-begotten

λεσμα του Προδρόμου: «*Μετανοείτε, διότι έφτασε η Βασιλεία του Θεού*» (Ματθ. 3:2). Ζητά δηλ. ο άγιος Ιωάννης να μετανοήσουν για τις αμαρτωλές πράξεις τους και να προετοιμάσουν τον εαυτό τους για να δεχθούν τη Βασιλεία των ουρανών, δηλ. τον Μονογενή Υιό του Θεού, που ήλθε στον κόσμο για να τον σώσει και να τον κυβερνήσει.

Ο άγιος Μάξιμος το θέτει ως εξής: «Ελθέτω το Πνεύμα Σου το Άγιο, για να μας καθαρίσει τη ψυχή και το σώμα, και να μας αξιώσει να γίνουμε κατοικητήριο της Παναγίας Τριάδος, έτσι ώστε να κυβερνήσει ο Θεός μέσα στην καρδιά μας και να εκπληρωθεί το ρητό, «*Η Βασιλεία του Θεού είναι μέσα σας*» (Λουκ. 17:21). Ως επίσης και το ρητό: «*Εγώ και ο Πατέρας μου θα προσέλθουμε και θα κατοικήσουμε μέσα τους*» (Ιωάν. 14:23). Έτσι η αμαρτία δεν θα έχει τη δυνατότητα να κυβερνάει μέσα μας, όπως ακριβώς το λέει και ο Απόστολος: «*Ας μη κυβερνάει λοιπόν η αμαρτία μέσα στο θνητό σώμα σας, ώστε να υπακούτε στις επιθυμίες της σαρκός*» (Ρωμ. 6:12). Είναι, συνεπώς, η δύναμη και παρουσία του Αγίου Πνεύματος που μας κάνουν ικανούς να εκτελούμε το θέλημα του Θεού και ουράνιου Πατέρα μας, και έτσι να συνεχίζουμε χωρίς ντροπή τη Προσευχή και να ζητάμε το επόμενο αίτημα, που αναφέρεται στο θέλημα του Θεού:

Son and Logos of God, who came to rule and save the whole world.

For this reason, we must say, according to the divine Maximos, "May Your Holy Spirit come, to cleanse us wholly in body and soul, that we may become a dwelling worthy to receive the entire Holy Trinity, and God may rule in us thenceforth, i.e. in our hearts, as it is written: '*The Kingdom of God is within you*' (Luke 17:21)"; and elsewhere, "*I and My Father shall come and make our abode in them*" (John 14:23), so that sin may no longer rule over us as the Apostle says: "*Let not, therefore, sin rule in your mortal body, that you may obey the former in the desires of the latter*" (Rom 6:12). In this way, empowered with the presence of the Holy Spirit, we do the will of our God and heavenly Father and say without shame the following petition of the prayer.

ΓΕΝΗΘΗΤΩ ΤΟ ΘΕΛΗΜΑ ΣΟΥ ΩΣ ΕΝ ΟΥΡΑΝΩ ΚΑΙ ΕΠΙ ΤΗΣ ΓΗΣ

Δεν υπάρχει τίποτε ποιο ευλογημένο και ειρηνικό, ούτε στον ουρανό ούτε στη γη, από τη τήρηση του θελήματος του Θεού. Ο Εωσφόρος ήταν στον Ουρανό, αλλά αρνήθηκε να εκτελέσει το θέλημα του Θεού, και έτσι έπεσε στον Άδη. Ο Αδάμ ήταν στον Παράδεισο, και απολάμβανε τιμές βασιλιά μέσα σ' ολόκληρη την κτίση, αλλά έπεσε σε πλήρη αθλιότητα, γιατί δεν τήρησε την εντολή του Θεού. Έτσι συμβαίνει και σε όποιον δεν είναι διατεθειμένος να πράξει το θέλημα του Θεού, και πάσχει από μια τελείως ανόητη υπερηφάνεια. Γι' αυτό ακριβώς είναι σωστό και δίκαιο, ότι ο Προφητάναξ Δαβίδ καταριέται όλους τους υπερήφανους: «*Συ κατέκρινες τους υπερήφανους. Καταραμένοι είναι αυτοί που ξεφεύγουν από της εντολές Σου, και οι υπερήφανοι που παρανομούν ανερμάτιστα*» (Ψαλμ. 118:21, 51).

Με τον τρόπο αυτό υποδεικνύει ο προφητάναξ την αιτία της παρανομίας που είναι η υπερηφάνεια και της υπερηφάνειας που είναι η παρανομία. Γενικά είναι αδύνατο ο υπερήφανος να μην γίνει παράνομος, όπως είναι

THY WILL BE DONE ON EARTH AS IT IS IN HEAVEN

There is nothing more blessed or more peaceful, neither in heaven nor on earth, than one's observance of the will of God. Lucifer was in heaven, but he refused to do the will of God and fell into Hell. Adam was inside Paradise, honored as King by the whole creation, but he fell into utter misery because he did not keep the divine commandment. So, whoever does not want to do the will of God is totally foolishly proud. For this reason, the Prophet David justly curses those who are such: "*You rebuked the proud; cursed are those who deviate from Your commandments, and the proud who transgressed exceedingly*" (Ps. 118:21, 51).

By this, the Prophet shows that the cause of transgression is pride and again the cause of pride is transgression. For this reason, it is impossible to find a humble man among the transgressors, and again a man who keeps the law among the proud, because pride is the beginning and the end of all evil. It is the will of God that we are delivered from evil and we do the good, as the

αδύνατο να βρεθεί ο νομοταγής ανάμεσα στους υπερήφανους. Η υπερηφάνεια είναι η αρχή και το τέλος όλων των κακών. Ο Θεός όμως μας θέλει να ελευθερωθούμε από το κακό και να πράττουμε το καλό, όπως το λέει ο προφήτης: «Αποφεύγετε το κακό και τηρείτε το καλό» (Α' Πετρ. 3:11). Όσον αφορά στο καλό, πρέπει να λεχθεί ότι προσδιορίζεται από τη μαρτυρία της Αγίας Γραφής και από τους κατά τόπους αγίους της Εκκλησίας, και όχι από όσα λέγονται προσποιητά από τους ανθρώπους, και τα οποία είναι ως συνήθως καταλυτικά και οδηγούν τον άνθρωπο στην αυτοκαταστροφή.

Όσοι πορευόμαστε σύμφωνα με τη συνήθεια του κόσμου και με τις επιθυμίες μας, και αν ακόμα λεγόμαστε χριστιανοί, δεν διαφέρουμε σε τίποτε από αυτούς που δεν πιστεύουν στον Κύριο, και που δεν έχουν ούτε Νόμο ούτε ιερές Γραφές. Ούτε διαφέρουμε από εκείνους που ζούσαν στην εποχή της ολοκληρωτικής αναρχίας και για τους οποίους γράφει το Βιβλίο των Κριτών. «*Εκείνες τις μέρες δεν υπήρχε βασιλιάς στον Ισραήλ, και κάθε άντρας ενεργούσε σύμφωνα με αυτό που θεωρούσε αρεστό στον εαυτό του*» (Κριτ. 17:6).

Αυτός ακριβώς ήταν ο λόγος που έκανε τους Ιουδαίους να θανατώσουν με δόλιο τρόπο το Κύριο της δόξης, τον οποίον ο Πιλάτος ήθελε να αθωώσει, «*γιατί δεν βρήκε καμία αιτία θανάτου μέσα του*» (Ιωαν. 19:4, 6 και Πρ. 13:28). Εκείνοι βέβαια του αποκρίθηκαν και του είπαν: «*Έχουμε

Prophet says: "*Depart from evil and do the good*" (1 Pet. 3:11). The good is whatever is witnessed to by Holy Scripture and by the local Saints of the Church and not by what people say pretentiously, which is often damaging and leads man to perdition.

If we walk according to the custom of the world and according to our own desire, even though we may be called Christians, we shall be no different at all from the non-Christians who have neither law nor Scriptures; and we shall be no different from those men who lived at the time of anarchy, as it is written in the book of Judges: "*Every one did whatever seemed to be good to his eyes, because there was no King in those days*" (Judges 17:6).

It was for this reason that the Hebrews, out of envy, wished to put to death the Lord of glory, whom Pilate wanted to release, "*Because he found no cause of death in Him*" (John 19:4, 6 and Acts 13:28). But they replied and said: "*We have a law, and according to our law He must die, because He made Himself Son of God*" (John 19:7); and by saying this, they were pretending, because where in the Law does it say that whoever calls himself Son of God must die, especially when we consider that divine Scripture explicitly calls men gods and sons of God? "*I say, you are gods, and all of you sons of the Most High*" (Ps. 91:6). Hence, by saying

νόμο, και σύμφωνα με το νόμο αυτό πρέπει να πεθάνει, γιατί έκανε τον εαυτό του Υιό Θεού» (Ιωαν. 19:7). Λέγοντας όμως αυτό υποκρίνονταν, διότι δεν υπάρχει πουθενά στον ιουδαϊκό νόμο διάταξη, ότι όποιος κάνει τον εαυτό του Υιό Θεού πρέπει να πεθάνει, ενώ η αγία Γραφή ρητά και απροκάλυπτα καλεί τους ανθρώπους και θεούς και υιούς του Θεού. *«Εγώ είπα, είσαστε θεοί, και υιοί του Θεού του Υψίστου»* (Ψαλ. 91:6). Συνεπώς, όταν έλεγαν ότι *«έχουν νόμο»*, ψευδόντουσαν, γιατί δεν υπάρχει πουθενά ο νόμος αυτός:

Βλέπουμε λοιπόν, ότι οι Ιουδαίοι εκείνοι μετέτρεψαν το δόλο σε νόμο! Και γι αυτό ακριβώς τα λόγια της Σοφίας Σολομώντος έχουν άμεση αναφορά σ' αυτούς: *«Ας κάνουμε τη δύναμη μας νόμο... και ας οδηγήσουμε τους δίκαιους σε παγίδα χωρίς να το αντιληφθούν»* (Σοφία Σολ. 2:11, 12)! Και το έκαναν αυτό οι Ιουδαίοι παρά τις προειδοποιήσεις του Νόμου και των Προφητών, που έγραφαν ξεκάθαρα, ότι ο Χριστός θα ήταν ο Κύριος ενσαρκωμένος, και ότι θα θανατωνόταν για τη ζωή και τη σωτηρία του κόσμου. Αυτό βέβαια δεν είχε καμιά σχέση με την πρόθεση των παράνομων αυτών προσώπων.

Κατά συνέπεια, αν δεν θέλουμε να πάθουμε κι εμείς τα ίδια, ας προσέξουμε στις εντολές του Κυρίου, και ας μη παρεκκλίνουμε από όσα έχουν γραφεί, διότι *«οι εντολές»* Του δεν είναι βαριές, όπως λέει ο Ευαγγελιστής (Α' Ιωαν. 5:3), και διότι ο ίδιος ο Κύριος τις τήρησε στη γη σαν

"*We have a law,*" they were uttering a lie because no such law exists.

Do you see that they turned envy and evil into a law? Concerning them, the Wisdom of Solomon says: "*Let us make our power a law ... and let us secretly lead the righteous into a trap*" (Wisdom of Sol. 2:11, 12). And they did this in spite of the warning that the Law and the Prophets wrote that Christ would come to be incarnate and die for the life and the salvation of the world. This was not in accordance with the aim of those lawless persons.

Therefore, so that we may not suffer the same, let us pay attention to the commandments of our Lord, and never step out of what has been written, "*for His commandments are not heavy,*" as St. John the Evangelist says (John 5:3), and because our Lord kept unfailingly the will of the Father "*on earth*" (John 15:10), let us ask Him to give us power and light that we too may do His holy will on earth, as the holy Angels do "*in heaven;*" because "*without Him, we can do nothing*" (John 15:5). As the Angels are subjected to all the divine commandments without controversy, in the same way we men should be subjected to the divine will, which is contained in the Scriptures, so that peace may exist among men on earth, as it is among the angels in heaven, and that we may pray to our Heavenly

εντολές του ουράνιου Πατέρα Του (Ιωαν. 15:10). Ας του ζητήσουμε να μας δώσει δύναμη και φωτισμό, ώστε να εκπληρώσουμε το άγιο θέλημα Του «*επί της γης*», όπως το εκπληρώνουν και οι άγιοι Άγγελοι «*εν ουρανοίς*», επειδή «*χωρίς Αυτόν δεν δυνάμεθα να πράξουμε ουδέν*» (Ιωάν. 15:5). Όπως οι Άγγελοι υποτάσσονται στις βουλές του Θεού χωρίς αντίρρηση, έτσι και εμείς οι άνθρωποι οφείλουμε να υποτασσόμαστε στο θείο θέλημα, που φανερώνεται στην Αγία Γραφή, ώστε να πρυτανεύει η ειρήνη μεταξύ των ανθρώπων επί της γης, όπως συμβαίνει και μεταξύ των Αγγέλων στους ουρανούς, και έτσι να έχουμε την παρρησία να απευθύνουμε το επόμενο αίτημα της Προσευχής στο επουράνιο Πατέρα μας, «*Τον άρτον ημών τον επιούσιον δός ημίν σήμερον*».

Father with boldness, saying: "*Give us today our daily bread…*"

ΤΟΝ ΑΡΤΟΝ ΗΜΩΝ ΤΟΝ ΕΠΙΟΥΣΙΟΝ ΔΟΣ ΗΜΙΝ ΣΗΜΕΡΟΝ

1 **Ο υλικός άρτος:** Η λέξη «*επιούσιος*» έχει τρείς σημασίες, και χρειάζεται να γνωρίζει κανείς τις διαφορές τους, ώστε να ξέρει γιατί πράγμα ακριβώς προσεύχεται.

Πρώτα-πρώτα επιούσιος άρτος είναι ο κοινός άρτος, η υλική τροφή, που εισάγεται στο σώμα, και το κάνει να αυξάνει και να συντηρείται, ώστε να αποφεύγει το θάνατο. Γιαυτό το λόγο δεν πρέπει να τρώμε τη τροφή μας για ευχαρίστηση και ικανοποίηση του σώματος. Αυτό έχει υπ'όψει του ο Ιάκωβος, όταν γράφει: «*Ζητάτε κάτι και δεν το παίρνετε, γιατί το ζητάτε με κακό τρόπο, για να το κατασπαταλήσετε στην ικανοποίηση των παθών σας*» (Ιάκ. 4:3) και πάλι, «*Ζήτε τη ζωή σας με απολαύσεις και σπατάλες, παχαίνετε σαν τα ζώα που τα πάνε για σφάξιμο*» (Ιάκ. 5:5). Ο ίδιος ο Κύριός μας λέει, «*Προσέξτε καλά τους εαυτούς σας. Μην παραδοθείτε στην κραιπάλη και στη μέθη και στις βιοτικές ανάγκες, και σας αιφνιδιάσει η ημέρα εκείνη*» (Λουκ. 21:34).

Κάτω απ' αυτό το φώς, βλέπουμε, οτι θα πρέπει να ζητάμε μόνο για την τροφή που μας είναι απαραίτητη, επει-

GIVE US TODAY
OUR DAILY BREAD

1 The Common Bread. There are three senses of the word "daily." And it is important for us to know the difference so that we may know what exactly we pray for.

Firstly, daily bread is this common bread, the bodily food, which is introduced into the substance of the body to make it grow and to strengthen it so that it escapes death. Because of this, we must not eat food for pleasure and indulgence of the body. It is about this that James the Apostle says: "*You ask, but you do not receive, because you ask wrongly, so that you may spend what you receive in your pleasures*" (Jam. 4:3); and again, "*You have been well fed on the earth, and you have spoiled and fattened your hearts, as it were, for the day of slaughter*" (Jam. 5:5). Our Lord Himself says: "*Watch yourselves in case your souls become heavy in debauchery and drunkenness and worldly cares; and that day catches you by surprise*" (Luke 21: 34).

In light of this, we must ask only for the food, which is necessary, because the Lord, condescending

δή ακριβώς μας διδάσκει ο Κύριος μας, συγκαταβαίνοντας στην αδυναμία μας, να ζητάμε μόνον για τον άρτο τον επιούσιο. Κατ' ακρίβεια, δεν έπρεπε να είχε πει «*σήμερον*», γιατί, όπως εξηγεί ο ιερός Χρυσόστομος, αυτό το «*σήμερον*» σημαίνει εδώ το «*πάντοτε*», το οποίο βέβαια παρεξηγούνε οι πολλοί, όσον αφορά στην πραγματική του σημασία. Ο θείος Μάξιμος ονομάζει το σώμα φίλο της ψυχής. Ο συγγραφέας του βιβλίου των Παροιμιών παρακινεί την ψυχή να μη φροντίζει το σώμα με τα δύο άκρα, αλλά με το ένα, και όχι πολύ συχνά, μήπως και, όπως λέει, ικανοποιηθεί, και στραφεί ενάντια στην ψυχή, και διαπράξει αυτά τα αμαρτήματα με τα οποία οι εχθροί μας οι δαίμονες μας καταδυναστεύουν. Είναι ανάγκη, κατά συνέπεια, να ακούσουμε τον Απόστολο, που λέει: «*Όταν έχουμε λοιπόν τροφές και ενδύματα, ας αρκεσθούμε σ' αυτά. Όσοι όμως θέλουν να πλουτίσουν, πέφτουν σε πειρασμό, σε παγίδα του διαβόλου και σε πολλές ανόητες και βλαβερές επιθυμίες, που βυθίζουν τους ανθρώπους στην καταστροφή και στο κακό*» (Α' Τιμ. 6:8 – 9).

Κάποιος όμως θα μπορούσε να πει, αφού ο Κύριός μας μάς παραγγέλνει να ζητάμε την αναγκαία τροφή από το Θεό, τότε ας καθίσουμε άπρακτοι χωρίς καμιά μέριμνα ή εργασία, περιμένοντας από το Θεό να μας τροφοδοτήσει με την τροφή μας. Θα απαντούσαμε σ' αυτόν, ότι υπάρχει μεγάλη διαφορά μεταξύ μέριμνας και εργασίας. Η μέριμνα συνεπάγεται αναταραχή και στενο-

to our weakness, commands us to seek only the daily bread and not excesses. He should not have said give us today because "today" here means "always," as the divine Chrysostom interprets it, because most people violate the true meaning of the verse. The divine Maximos calls the body friend of the soul. The author of the Proverbs admonishes the soul not to look after the body with the two feet, but to care for it only with the one foot, and not so frequently, in case, he says, it becomes satisfied and rises against the soul and commits those evils, which our enemies, the demons, inflict on us. We should, therefore, listen to the Apostle, who says: *"Having food and blankets, let us be satisfied with them; for those who wish to become rich fall into temptation and a trap and many irrational and damaging desires, which cause men to sink into destruction and loss"* (1 Tim. 6:8 – 9).

But one might say that since our Lord commands us to seek the necessary food from God, we should lie down without any sense of care or work, waiting upon God to supply us with food. Our answer is that there is a great difference between care and work. Care involves destruction and worrying of mind about many things (Luke 2:41), whereas work is a worthy occupation. The worker does not burden his mind with care, but leaves all care to God on whom he hopes. As David says: *"Place care on*

χώρια στο νου μας για πολλά πράγματα (κατά Λουκάν 2:21), ενώ η εργασία είναι μια καταξιωμένη απασχόληση. Όποιος εργάζεται, δεν φορτώνει το νου του με μέριμνα, αλλά αφήνει τα πάντα στην φροντίδα του Θεού, στον οποίο στηρίζει την ελπίδα του. Αυτό λέει ο Δαβίδ: *«Επίρριψε την μέριμνά σου στον Κύριο και αυτός θα σε διαθρέψει»* (Ψαλμ. 54:23). Από την άλλη μεριά, αν κάποιος στηρίξει την ελπίδα του στο έργο των χειρών του, ή στους κόπους του, ή σε άλλους ανθρώπους, τότε θα ακούσει τον προφήτη Μωϋσή, που λέει στον Νόμο, *«Όποιος περπατάει με τα δύο είναι ακάθαρτος, και όποιος περπατάει με περισσότερα είναι επίσης ακάθαρτος, και όποιος περπατάει με τα τέσσερα είναι ολοκληρωτικά ακάθαρτος»* (Πρβλ. Λευϊτ. 11:26, 27).

Κατά τον άγιο Νείλο, «Περπατάει κανείς με τα δύο όταν στηρίζει την ελπίδα του στα έργα του ή στις ικανότητές του. Επίσης περπατάει με τα τέσσερα, όταν η ελπίδα του επικεντρώνεται στα αισθητά πράγματα, που προσελκύουν το νου του, ώστε να μεριμνάει γι αυτά. Τέλος, περπατάει κανείς με περισσότερα των δύο, όταν είναι αιχμάλωτος πολλών υλικών πραγμάτων από πολλές πλευρές, τα οποία και αγκαλιάζει με τα χέρια του και όλες του τις δυνάμεις» (*Λόγος Ασκητικός*, κεφ. 14). Ο προφήτης Ιερεμίας καταριέται αυτόν τον άνθρωπο ως εξής: *«Επικατάρατος είναι ο άνθρωπος που έχει την ελπίδα του σε κάποιον άλλον άνθρωπο, και στηρίζει το*

God, and He will feed you" (Ps. 54:23). If, on the other hand, one places his hope on the work of his hand, or on his labors, or on other men, he will hear the prophet Moses saying in the Law: "*Whosoever walks on his hands is unclean, and whosoever walks with his two feet is unclean and whosoever walks on four, is unclean*" (Lev. 11:26, 27).

According to Saint Neilus, "One walks on his hands if he places all his hope on his works or skills; one walks on four, if he hopes on sensible things and has his mind attached to them so as to care for them; finally, one has many feet if he is held by the corporeal things from every side, and embraces them with his two hands and all his powers" (*Logos Asceticus*, ch. 14). The prophet Jeremiah curses this man, saying: "*Cursed is the man, who places his hope on a man, and bases his strength on him and turns his heart from the Lord. Blessed is the man, who has put his trust on the Lord and the Lord is his hope*" (Jer. 17:5).

We men, however, are so often troubled in vain. Yet, the road of our life is short, as the Prophet David acknowledges before God: "*Behold, O Lord, You made my days so short, like the palm of my hand. And the constitution of my nature is as nothing before You. Yet all things are vanity, even every living man. Indeed, man lives his life like a passing image. And yet he is troubled in vain. He lays up treasures, though he does not know for whom*

σαρκικό χέρι του επάνω του, ενώ η καρδιά του έχει απομακρυνθεί από τον Θεό...Αντίθετα, ευλογημένος είναι εκείνος που έχει την εμπιστοσύνη του στον Κύριο, διότι ο Κύριος θα είναι η ελπίδα του» (Ιερ. 17:5).

Μάταια όμως ανησυχούμε εμείς οι άνθρωποι, αφού η διάρκεια της ζωής μας είναι πολύ μικρή, όπως τονίζει ο προφήτης Δαβίδ ενώπιον του Κυρίου: *«Ιδού Κύριε, έβαλες τις ημέρες μου μες την παλάμη του χεριού μου, και η υπόστασή μου είναι σαν τίποτα ενώπιόν Σου. Όλα όμως στον κόσμο είναι μάταια, ακόμη και κάθε άνθρωπος. Πράγματι ο άνθρωπος ζει τη ζωή του σαν μια πρόσκαιρη οπτασία. Και όμως ταράζεται μάταια. Θησαυρίζει, αν και δεν γνωρίζει για ποιόν μαζεύει τους θησαυρούς»* (Ψαλμ. 38:6).

Η Προσευχή λοιπόν μας προσκαλεί να έρθουμε σε συναίσθηση του εαυτού μας, να παύσουμε να τρέχουμε καθημερινά σαν μανιακοί άνθρωποι εξ αιτίας πληθώρας μεριμνών, και να αγρυπνούμε τις νύχτες μας για να υπολογίζουμε πώς θα πετύχουμε στα εγωιστικά μας σχέδια. Μας προσκαλεί να σταματήσουμε να δαπανούμε τη ζωή μας για τα αγαθά του μαμμωνά, δηλ. τα πλούτη της αδικίας, αλλά να βρούμε χρόνο για να αναλογισθούμε τις αμαρτίες μας και να κλάψουμε με μετάνοια γι αυτές. Μας προσκαλεί να ακούσουμε τη φωνή του Κυρίου, *«Δεν μπορείτε να δουλεύετε δύο Κυρίους»* (Ματθ. 6:24), και *«Δεν μπορείτε να υπηρετείτε και το Θεό και τον Μαμμωνά»* (Λουκ. 16:13), ή να ακούσουμε το άλλο ρητό

he gathers them up" (Ps. 38:6). The Prayer, then, invites us to come to our senses, to cease to run like mad persons throughout the day on account of a multitude of cares and to sit at night calculating how we can achieve our selfish will (evil). It invites us to cease to spend our life on the accumulations of Mammon, i.e. the wealth of injustice, but to find time to think of our sins and weep. It invites us to listen to the Lord, saying that *"No one can serve two Masters"* (Matt. 6:24), and *"you cannot serve both God and Mammon"* (Luke 16:13), or to hear Him speaking about *"the seed which fell upon the thorns, and was choked without producing any fruit"* (Matt. 13:7, Luke 8:11, 13), which means that the word of God fell into the cares for riches and produced no fruit of salvation. It also invites us to remember that rich man who labored, as we often do, until he gathered a lot of wealth, and then suddenly, God blew it all of his hands, so that he lost not only the wealth, but also his mind and changed his life into a life bereft of mind and possessed by demons! He suffered justly, because he turned wealth into a god, and sold his mind to it. As soon as his god departed, his mind left him also!

Finally, the Prayer invites us to recall our Lord's commandment *"Do not lay up treasures on earth where moth and worm devour and where thieves break in and steal"* (Matt. 6:19 – 20), or our Lord's words of judg-

Του, που μιλάει για «*το σπόρο που έπεσε στα αγκάθια και πνίγηκε, χωρίς να αποδώσει κανένα καρπό*» (Ματθ. 13:7, και Λουκ. 8:11, 13). Μας προσκαλεί επίσης να θυμηθούμε τον πλούσιο εκείνο άνθρωπο, που αγωνίστηκε όπως κάνουμε κι εμείς, μέχρις ότου συγκέντρωσε πολλά πλούτη, και τότε ξαφνικά τα πήρε ο Θεός όλα από τα χέρια του, και έτσι έχασε όχι μόνο τα πλούτη του αλλά και το μυαλό του, κάνοντας τον εαυτό του άμυαλο και δαιμονισμένο! Έπαθε δίκαια, γιατί έκανε τα πλούτη του θεό του, και πούλησε το μυαλό του σ' αυτόν. Όταν έχασε το θεό του, τότε έχασε και το μυαλό του μαζί!

Τέλος, μας προσκαλεί η Προσευχή να αναλογισθούμε την εντολή του Κυρίου μας, «*Μη θησαυρίζετε θησαυρούς πάνω στη γη, τους οποίους αφανίζει ο σκόρος και η σκουριά, και οι κλέφτες διαρρηγνύουνε και κλέβουνε*» (Ματθ. 6:18-19), ή τους κριτικούς λόγους Του προς τον ανόητο πλούσιο, «*Ανόητε, αυτή τη νύχτα ζητούν να πάρουν την ψυχή σου από σένα. Αυτά λοιπόν που ετοίμασες σε ποιόν θα ανήκουν*» (Λουκ. 12:20);

Η 4^η λοιπόν αίτηση της Κυριακής Προσευχής μας προσκαλεί να προσέλθουμε στο Θεό και Πατέρα μας και να παραδώσουμε σ' Αυτόν όλες τις φροντίδες τις ζωής μας, με την πεποίθηση ότι εκείνος θα φροντίσει για μας, όπως λέει και ο Προφήτης, «*Προσέλθετε προς Αυτόν και θα φωτισθείτε, και τα πρόσωπά σας δεν θα καταισχυνθούν*» (Ψαλμ. 33:6).

ment to the foolish rich man: "*Foolish, foolish man, this night they demand your soul from you, and whose will it be what you have prepared?*" (Luke 12:6). So, the fourth Petition of the Prayer invites us to come to God our Father and cast on Him all the cares of our life trusting that He will provide for us, for as the Prophet says, "*Come to Him, and He will enlighten us and we shall not be put to shame*" (Ps. 33:6).

2 The Bread of the Word of God. In the second place, "*daily bread*" is the Word of God, as the divine Scripture says: "*Man, shall not live by bread alone, but by every word which proceeds through the mouth of God*" (Deut. 8:3, Matt. 4:4, Luke 4:4). The Word of God is the entire teaching of the Holy Spirit, i.e. the whole divine Scripture, the Old Testament and the New Testament. It is from this divine Scripture, as from a source, that the holy Fathers and Teachers of our Church quench our thirst with the purest refreshments of their God-inspired teaching. The biblical teaching and writings of our Fathers are the daily bread, which we must seek so that our soul may not die of thirst for the word of life, before our body dies, as it happened to Adam because he trespassed the divine commandment.

Those who not only refuse to hear the word of God but prevent others from hearing it, either by their words

2 **Ο Άρτος του Λόγου του Θεού.** Κατά δεύτερο λόγο, ο «επιούσιος άρτος» είναι ο Λόγος του Θεού, όπως λέει και η Γραφή: «*Ο άνθρωπος δεν ζει μόνο με άρτο, αλλά με κάθε λόγο που βγαίνει από το στόμα του Θεού*» (Δευτ. 8:3, Ματθ. 4:4, Λουκ. 4:4). Ο Λόγος του Θεού είναι όλη η διδασκαλία του Αγίου Πνεύματος, δηλαδή ολόκληρη η Αγία Γραφή που συνίσταται από την Παλαιά και την Καινή Διαθήκη. Με αυτή την Γραφή ως πηγή, οι άγιοι Πατέρες και Διδάσκαλοι της Εκκλησίας σβήνουν τη δίψα μας με τα καθαρότατα αναψυκτικά της θεόπνευστης διδασκαλίας τους. Η Βιβλική διδασκαλία και τα Πατερικά συγγράμματα είναι ο επιούσιος άρτος, τον οποίο πρέπει να αναζητούμε, προκειμένου να μη θανατωθεί η ψυχή μας από δίψα για τον λόγο της ζωής, πριν πεθάνει το σώμα μας, όπως συνέβη στον Αδάμ, που δεν υπάκουσε στη θεία εντολή.

Εκείνοι που όχι μόνο αρνούνται ν' ακούσουν το Λόγο του Θεού, αλλά και εμποδίζουν τους άλλους από του να τον ακούσουν, είτε με τα λόγια τους είτε με τις πράξεις τους—ή εκείνοι που όχι μόνο δεν συνεργάζονται στην ίδρυση σχολείων και άλλων παρόμοιων ιδρυμάτων, μέσω των οποίων δίνεται η δυνατότητα στα παιδιά των Χριστιανών να μορφωθούν και να ωριμάσουν, αλλά και εγείρουν εμπόδια σε όσους επιθυμούν να βοηθήσουν—ή ακόμη εκείνοι οι ιερείς που παραμελούν να διδάξουν τα ποίμνιά τους ως προς το τι χρειάζονται για τη σωτηρία τους—ή τέλος εκείνοι οι Ιεράρχες οι οποίοι δεν

or by their evil example, as well as those who not only do not cooperate in the founding of schools and other such works, through which the children of the Christians grow up to maturity, but set obstacles to those who are willing to help; or again, those priests who neglect to teach their parishioners what is required for their salvation; or even those hierarchs, who not only do not teach their flock the commandments of God and the other requirements of salvation, but with their own bad example become a stumbling-block and cause of loss to the simpler Christians, all of them will inherit the woe and the alas of the Lord to the Pharisees and the Scribes, because they shut the Kingdom of Heaven before men and neither themselves enter in it, nor do they allow others willing to enter into it (Matt. 23:13, 14, Luke 11:42 – 44, 46 – 47). Therefore, as bad caretakers, they will be deprived of the people's protection.

It is necessary that the teachers, who teach the children of the Christians, must train them more decisively in uprightness. For what is the use if one learns grammar and philosophy and, then, he is perverted? What benefit do these add? Or, what progress can he do either in the spiritual or the civic sphere? Naturally, none whatsoever; hence, we all must awake from the deep sleep of negligence and be fed with the word and the teaching of God, as much as we can, so that our soul

διδάσκουν στο ποίμνιά τους τις εντολές του Θεού και τα άλλα απαραίτητα για τη σωτηρία τους, αλλά με το κακό τους παράδειγμα γίνονται πέτρα προσκόμματος και αιτία απώλειας για τους απλούστερους χριστιανούς—όλοι αυτοί θα κληρονομήσουν τα «ουαί και αλίμονο» του Κυρίου προς τους Φαρισαίους και Γραμματείς, επειδή κλειδώνουν τις πόρτες της Βασιλείας των Ουρανών ενώπιον των ανθρώπων, και ούτε οι ίδιοι εισέρχονται σ' αυτήν, ούτε επιτρέπουν σε άλλους να εισέλθουν (Ματθ. 23:13, 14, Λουκ. 11:42-44, 46-47). Ως κακοί διαχειριστές, όλοι αυτοί θα εκπέσουν από την προστασία του λαού.

Είναι επιτακτική ανάγκη οι διδάσκαλοι που διδάσκουν τη χριστιανική νεολαία να τους διδάσκουν αποφασιστικά την ορθοπραξία. Γιατί ποια αξία έχει το να μάθει κανείς γραμματική και φιλοσοφία και έπειτα να εξαχρειωθεί στο ήθος του; Τι ωφέλεια αποκομίζει κανείς από αυτά; Τι πρόοδο μπορεί κανείς να κάνει στην περίπτωση αυτή, είτε στην πνευματική, είτε στην πολιτειακή σφαίρα; Φυσικά, καμία. Κατά συνέπεια, όλοι οφείλουμε να ξυπνήσουμε από τον βαθύ ύπνο της αμέλειας και να τραφούμε με το Λόγο του Θεού, όσο περισσότερο μπορούμε, ώστε να μην θανατωθεί η ψυχή μας με τον πιο πικρό και αιώνιο θάνατο, και να μην ακούσουμε τα λόγια του Θεού προς τους Εβραίους, που μετέφερε ο Προφήτης Αμώς: «*Ιδού έρχονται ημέρες, λέει Κύριος, και θα εξαποστείλω λιμό επάνω στη γη, όχι λιμό άρτου ή δίψα ύδατος, αλλά λιμό*

may not die the most bitter and eternal death, and we may be spared from hearing God's words to the Hebrews spoken through the mouth of the Prophet Amos: "*Behold, there come days, says the Lord, and I will send famine on the earth, not a famine of bread, nor a thirst of water, but a famine of hearing the word of the Lord*" (Amos 8:11).

This, then, is the second way of understanding the "*daily bread*," which is more necessary than the first, as the life of the soul is more necessary than the life of the body.

3 The Eucharistic Bread. Thirdly, "*daily bread*" is the *Body* and the *Blood* of the Lord, which is as different from God's word, as the sun from the ray. In the partaking of the Divine Eucharist, the entire Godman enters like a sun and becomes intermingled with the entire man, and enlightens, glorifies and sanctifies all the psychical and bodily powers and senses of man translating him from corruption to incorruption.

It is mainly because of its excelling character and nature that the Holy Communion of the most pure Body and Blood of our Lord Jesus Christ is called "*daily bread*," *par excellence*. It sustains and upholds the substance of the soul and also strengthens it to keep the dominical commandments and every other virtue. This is the true

ακοής του Λόγου του Κυρίου» (Αμώς 8:11).

Αυτή λοιπόν είναι η δεύτερη σημασία της φράσεως *«επιούσιος άρτος»*, η οποία είναι ποιο σπουδαία και αναγκαία από την πρώτη, εφόσον η ζωή της ψυχής είναι πιο σπουδαία από τη ζωή του σώματος.

3 **Ο Ευχαριστιακός Άρτος.** Η Τρίτη σημασία του όρου *«επιούσιος»* έχει να κάνει με το *Σώμα* και *Αίμα* του Κυρίου, τα οποία είναι τόσο διαφορετικά από το τον λόγο του Θεού όσο ο ήλιος από την ακτίνα του. Όταν μεταλαμβάνουμε στη Θεία Ευχαριστία, ολόκληρος ο Θεάνθρωπος εισέρχεται σαν ήλιος και αναμιγνύεται με ολόκληρο τον άνθρωπο, φωτίζοντας και αγιάζοντας όλες τις ψυχικές και σωματικές δυνάμεις και αισθήσεις του και μεταφέροντάς τον από τη φθορά στην αφθαρσία.

Οφείλεται κατά κύριο λόγο στον υπερβατικό χαρακτήρα της και στην φύση της, που η θεία κοινωνία στο άχραντο Σώμα και Αίμα του Κυρίου μας Ιησού Χριστού ονομάζεται *«επιούσιος άρτος»* κατ' εξοχήν. Ο Άρτος αυτός συντηρεί και υποστηρίζει την ουσία της ψυχής, αλλά και την ενισχύει ώστε να τηρήσει τις Κυριακές εντολές και κάθε άλλη αρετή. Αυτή είναι η πραγματική τροφή της ψυχής και του σώματος, όπως το είπε ο ίδιος ο Κύριος: «*διότι η σάρκα μου είναι αληθινή βρώση και το αίμα μου αληθινή πόση*» (Ιωάν. 6:55).

Όποιος αμφιβάλλει κατά πόσον το Σώμα του Κυρίου

food of the soul and the body, as the Lord Himself says: "*My flesh is food indeed, and My blood drink indeed*" (John 6:55).

If anyone doubts about the Body of our Lord being called "*daily bread*," let him listen to what the holy Fathers of our Church say about it. And first of all, let him listen to the luminary of Nyssa, the divine Gregory, who says: "O, that the sinner might come to his senses like the prodigal son (!), that he might desire the fatherly food (!), that he might return to the rich table, in which there is plenty of daily bread, which feeds the hired servants of the Lord. i.e. those who work in God's vineyard armed with the hope of the promise" (*Oration on his ordination*)!

St. Isidore of Pelusium says: "The Prayer, which the Lord taught us, has nothing earthly, but all of it is heavenly, aiming at the benefit of the soul, even what appears to be small and connected with the senses. This especially applies, according to the wise expositors, to the divine Word, which feeds the incorporeal soul, advances into it and is mingled with its very substance; hence, it is called "*substantial bread*" because the term substance (*ousia*) is more appropriate to the soul than it is to the body" (*Epist.* 281, 2).

The divine Cyril of Jerusalem says: "The common bread is not substantial; such is only the Holy Bread of

ονομάζεται «*επιούσιος Άρτος*», ας ακούσει όσα λέγουν οι Πατέρες της Εκκλησίας γι αυτό. Πρώτα ας ακούσει τον φωστήρα της Νύσσης, τον θείο Γρηγόριο πού λέει: «Ω να γινόταν να ξαναβρεί ο αμαρτωλός τον εαυτό του όπως ο άσωτος υιός (!), να αναζητήσει την τροφή στο σπίτι του πατέρα του (!), να επιστρέψει στην πλούσια τράπεζα, στην οποία υπάρχει περίσσευμα *επιούσιου άρτου*, με τον οποίο τρέφονται οι μισθωτοί του Κυρίου, δηλαδή όσοι εργάζονται στον αμπελώνα του Θεού με την ελπίδα της υπόσχεσής του!» (*Λόγος εις την χειροτονία του*).

Ο άγιος Ισίδωρος ο Πηλουσιώτης λέει: «Η Προσευχή την οποία μας δίδαξε ο Κύριος δεν έχει τίποτε το γήινο, αλλά είναι ολοκληρωτικά ουράνια, έχουσα σκοπό να ωφελήσει την ψυχή, ακόμη κι αν παρουσιάζεται μικρή και δεμένη με τις αισθήσεις. Αυτό ιδιαίτερα ισχύει, κατά τους πιο σοφούς εξηγητές, για το θείο Λόγο, που τρέφει την ασώματη ψυχή, αυξάνεται μέσα της, και αναμιγνύεται με την ουσία της. Γι αυτό και ονομάζεται *ουσιαστικός άρτος* επειδή ο όρος *ουσία* είναι περισσότερο κατάλληλος για την ψυχή από ότι είναι για το σώμα» (*Επιστολή* 281, 2).

Ο θείος Κύριλλος Ιεροσολύμων λέει: «Ο κοινός άρτος δεν είναι ουσιαστικός. Τέτοιος είναι μόνο ο Άγιος Άρτος της Ευχαριστίας, επειδή συντηρεί την ουσία της ψυχής. Ο άρτος αυτός χορηγείται για ολόκληρη την σύστασή μας και προς ωφέλεια και του σώματος και της ψυχής» (*Κατήχησις* 5).

the Eucharist, because it sustains the substance of the soul. This bread is provided for your entire constitution and benefit of body as well as soul" (*Catech.* 5.).

The divine Maximos says: "Living according to the words of this Dominical Prayer, let us receive God's Son and Word, like substantial and life-giving Bread for our souls and as sustenance of the healthy condition of the good gifts which have been supplied, because He said, 'I am the Bread which came down from heaven, and gives life to the world, becoming such to all who partake of it in accordance with the virtue and knowledge which they have'" (*Interpretation of the "Our Father"*).

St. John Damascene says: "This bread is the first-fruits of the bread to come, which is *epiousios*; for the term *epiousios* signifies either 'the one which is to come,' i.e. 'the one which belongs to the future age,' or 'the one which is being received for the sustenance of our substance'; but whether it is the one or the other, obviously it refers to the Lord's Body" (*Book* 4:14).

St. Theophylactos says: "The Body of Christ is a substantial bread, for which we pray that we may partake of it without judgment" (*Commentary on Matthew*, ch. 6).

4 How We Should Partake of the Eucharistic Bread.
Now, the Fathers, while they identify the Body of the

Ο θείος Μάξιμος λέει: «Ζώντες σύμφωνα με τα λόγια της Κυριακής Προσευχής, ας δεχθούμε τον Υιό και Λόγο του Θεού σαν ουσιαστικό και ζωοποιό Άρτο για τις ψυχές μας και σαν διατροφή για την υγιεινή κατάσταση των αγαθών που έχουν χορηγηθεί, επειδή είπε, *Εγώ είμαι ο Άρτος ο οποίος κατέβηκε από τον ουρανό*, και ο οποίος δίνει ζωή στον κόσμο, και γίνομαι αυτό σε όλους εκείνους που με δέχονται σύμφωνα με την αρετή και τη γνώση που κατέχουν» (*Ερμηνεία στην Κυριακή Προσευχή*).

Ο άγιος Ιωάννης ο Δαμασκηνός λέει: «Ο Άρτος αυτός είναι η απαρχή του Άρτου του μέλλοντος ο οποίος είναι *επιούσιος*, διότι *επιούσιος* σημαίνει ο αυριανός, εκείνος που ανήκει στον μέλλοντα αιώνα, ή εκείνος ο οποίος λαμβάνεται για τη συντήρηση του είναι μας. Αλλά είτε σημαίνει το πρώτο, είτε το δεύτερο, είναι προφανές, ότι αναφέρεται στο Σώμα του Κυρίου (4:14).

Ο άγιος Θεοφύλακτος λέει: «Το Σώμα του Χριστού είναι ουσιαστική τροφή, για την οποία προσευχόμαστε να μεταλάβουμε χωρίς κατάκριση» (*Σχόλια στον Ματθαίο*, κ. 6).

4 Πώς πρέπει να μεταλαβαίνουμε τον Ευχαριστιακό Άρτο. Οι Πατέρες, ενώ ταυτίζουν το Σώμα του Κυρίου με τον ουσιαστικό Άρτο της Κυριακής Προσευχής, δεν απορρίπτουν τον κοινό άρτο, που προσφέρεται για την διατροφή του σώματός μας. Και αυτός ο άρτος είναι

Lord with the substantial bread of the Dominical Prayer, they do not reject the common bread, which is given for the sustenance of our body; this bread also is a gift of God. Indeed, according to the Apostle, no food is to be despised or rejected if it is taken and eaten with thanksgiving to God (1 Tim. 4:4).

Although the common bread is customarily called daily sustenance because it sustains the body, the Body of our Lord and the Word of God are also called by the same name, not simply on account of custom or because of a certain partial effect on the body, but properly and catholically, because they strengthen both soul and body. This has been tested many times. As, for instance, in the case of the Prophet Moses, who fasted for forty days and forty nights without eating ordinary food; or the Prophet Elijah, who also fasted for forty days. Besides, in the age of grace, a great number of saints have on many occasions lived without ordinary food and have sustained themselves only with the Word of God and Holy Communion. For this reason, those of us who have been privileged to receive the spiritual regeneration of the divine Baptism must eat this spiritual food constantly and with fervent love and contrite heart, so that we may live a spiritual life and be kept unharmed from the spiritual poison of the Devil. Adam would not have died the double death of the soul

δώρο Θεού. Μάλιστα, σύμφωνα με τον Απόστολο, καμιά τροφή δεν είναι ευκαταφρόνητη, όταν λαμβάνεται και τρώγεται με ευχαριστία στον Θεό (Τιμ. 4,4).

Εντούτοις, αν και ο κοινός άρτος ονομάζεται εθιμικά ημερήσια διατροφή, επειδή συντελεί στη συντήρηση του σώματος, το Σώμα του Κυρίου και ο Λόγος του Θεού ονομάζονται με το ίδιο όνομα, όχι εθιμικά, ή εξ αιτίας κάποιας επίδρασης στο σώμα, αλλά κατά κύριο λόγο και μάλιστα καθολικά, επειδή ενισχύουν και την ψυχή και το σώμα. Αυτό έχει εξακριβωθεί πολλές φορές. Όπως, παραδείγματος χάριν, στην περίπτωση του Προφήτου Μωυσή, που νήστεψε για σαράντα μέρες και σαράντα νύχτες χωρίς να λάβει σωματική τροφή· ή του Προφήτου Ηλία, που επίσης νήστεψε για σαράντα μέρες. Επίσης, κατά την περίοδο της χάριτος ένας μεγάλος αριθμός αγίων επέζησαν σε πολλές περιστάσεις χωρίς υλική τροφή, και συντηρήθηκαν με το Λόγο του Θεού και τη Θεία Κοινωνία. Γι αυτό το λόγο, εμείς που αξιωθήκαμε να λάβουμε την πνευματική αναγέννηση με το θείο Βάπτισμα πρέπει να μεταλαβαίνουμε την πνευματική τροφή αδιαλείπτως και με θερμή αγάπη και συντριβή πνεύματος, ώστε να ζήσουμε μια πνευματική ζωή και να κρατηθούμε αλώβητοι από το πνευματικό δηλητήριο του διαβόλου. Ο Αδάμ δεν θα είχε πεθάνει το διπλό θάνατο της ψυχής και του σώματος εάν είχε παραμείνει στην μετάληψη αυτής της τροφής (Δευτ. 4:24).

and the body, had he been content with eating from this food (Deut 4:24).

We must not eat, however, the spiritual Bread without preparation, because our God is called fire, which consumes. He cleanses, glorifies and sanctifies those who eat the Dominical Body and drink the immaculate Blood with pure conscience and true Confession. But, woe to those who communicate unworthily without Confession, because the Holy Communion burns and corrupts their souls and bodies, and they suffer in the same way as the man in the Holy Gospel who entered into the marriage feast (Matt. 22:11 – 12) without a garment appropriate for the feast, i.e. without works and fruit worthy of repentance.

Those again who listen to Satan's music or to foolish and vain talk and such like are not worthy to hear the Word of God. They are like those who live in sin, who cannot understand, nor enjoy the immortal life, which is supplied by the Holy Communion, because the powers of their souls are put to death by the sting of sin. For just as the members of man receive life from the soul, as long as they remain receptive of its life-giving power, or cease to receive life, when they are dried up or decayed because the vital power does not pass into dead members, likewise the soul of man lives as long as she receives from God His life-giving power. But when the soul sins and

Δεν πρέπει όμως να μεταλαβαίνουμε τον πνευματικό Άρτο χωρίς προπαρασκευή, επειδή ο Θεός μας ονομάζεται πυρ καταναλίσκον (που κατακαίει). Καθαρίζει, δοξάζει και αγιάζει εκείνους που μεταλαβαίνουν το Κυριακό Σώμα και άχραντο Αίμα με καθαρή συνείδηση και αληθινή εξομολόγηση. Αλίμονο όμως σ' εκείνους οι οποίοι μεταλαβαίνουν ανάξια, χωρίς συντριβή και εξομολόγηση, γιατί η Θεία Κοινωνία τους κατακαίει και τους κατακρίνει και στην ψυχή και στο σώμα. Έτσι, συμβαίνει σ' αυτούς αυτό που συνέβη στον άνθρωπο της παραβολής του Ευαγγελίου, που εισήλθε στη γαμήλια γιορτή χωρίς να έχει το ανάλογο γιορταστικό ένδυμα (Ματθ. 22:11, 12), δηλ. χωρίς να έχει έργα και καρπούς μετάνοιας.

Όσοι πάλι προτιμούν την μουσική του σατανά, ή την ανόητη ματαιολογία και τα παρόμοια, δεν είναι άξιοι ν' ακούσουν το Λόγο του Θεού. Είναι σαν κι αυτούς που ζουν μέσ' την αμαρτία, που δεν καταλαβαίνουν τίποτε, που δεν απολαμβάνουν την αιώνια ζωή, την οποία προσφέρει η Θεία Κοινωνία, επειδή οι δυνάμεις της ψυχής τους έχουν απονεκρωθεί από το κεντρί της αμαρτίας. Διότι, όπως τα μέλη του ανθρώπου παίρνουν ζωή από την ψυχή, εφ' όσον παραμένουν δεκτικά της ζωτικής δύναμής της, ή παύουν να παίρνουν ζωή, όταν ξηραίνονται και φθείρονται, επειδή η ζωτική δύναμη δεν εισέρχεται στα νεκρωμένα αυτά μέλη, έτσι και η ψυχή του ανθρώπου ζει, εφ' όσον λαμβάνει από το Θεό τη ζωοποιό δύναμή Του.

becomes insusceptible of God's life-giving power, then the wretched man undergoes a spiritual death, and with time, the body also dies and the whole wretched man is lost into an eternal punishment.

We must say, then, that the third and last way of understanding the "*daily bread*" is so necessary and beneficial for us, as the Holy Baptism. Therefore, we must turn to the Divine Sacraments as often as possible, to partake of this "*Bread of sustenance*," which we seek from God our Father with fear, faith and love, as long as we have the "*today*."

The "*today*" of the Dominical petition has three meanings. It means, *firstly*, "*each day of our life*," *secondly*, the entire life span of each man and, *thirdly*, the entire hebdomadal span of the present age. In "*the age to come*," there is no "*today*" and "*tomorrow*," but all this age is an eternal day. So, our Lord, knowing that "*there is no repentance in Hades*" and that it is impossible for us men not to sin after our reception of Holy Baptism, He instructs us to say to our God and Father:

Όταν όμως η ψυχή του ανθρώπου αμαρτάνει, και παύει να είναι δεκτική της ζωτικής δύναμης του Θεού, τότε ο δυστυχής αυτός άνθρωπος υφίσταται πνευματικό θάνατο και με τη πάροδο του χρόνου και σωματικό, και έτσι καταλήγει ο δυστυχής σε αιώνια κόλαση.

Μπορούμε λοιπόν να πούμε, ότι η τρίτη και τελευταία σημασία της φράσης «*επιούσιος άρτος*» είναι τόσο αναγκαία και ωφέλιμη για μας, όσο είναι και το Άγιο Βάπτισμα. Κατά συνέπεια, οφείλουμε να προσερχόμαστε στα Άχραντα Μυστήρια, όσο συχνά μπορούμε, και να μεταλαβαίνουμε τον «*επιούσιο Άρτο*», ζητώντας τον από τον επουράνιο Θεό και Πατέρα με φόβο, πίστη και αγάπη εφ' όσον έχουμε ακόμη το «σήμερον».

Το «*σήμερον*» της Κυριακής Προσευχής έχει τρεις σημασίες: Σημαίνει *πρώτον* την «κάθε ημέρα» της ζωής μας, *δεύτερον*, ολόκληρη την διάρκεια της ζωής μας, και *τρίτον*, ολόκληρη την εβδομαδιαία διάρκεια του παρόντος αιώνος. Στον «μέλλοντα αιώνα» δεν υπάρχει το «σήμερον», ούτε το «αύριον», αλλ' ολόκληρη η περίοδος είναι μια αιώνια ημέρα. Έτσι, γνωρίζοντας ο Κύριός μας ότι στον Άδη δεν υπάρχει μετάνοια, και ότι είναι αδύνατο σε μας τους ανθρώπους να μη πέσουμε σε αμαρτία μετά τη Βάπτισή μας, μας παραγγέλνει να προσευχόμαστε στον Θεό και Πατέρα μας, και να ζητάμε:

ΚΑΙ ΑΦΕΣ ΗΜΙΝ ΤΑ ΟΦΕΙΛΗΜΑΤΑ ΗΜΩΝ ΩΣ ΚΑΙ ΗΜΕΙΣ ΑΦΙΕΜΕΝ ΤΟΙΣ ΟΦΕΙΛΕΤΑΙΣ ΗΜΩΝ

Επειδή μιλήσαμε πιο πάνω για τον Άγιο Άρτο της Θείας Κοινωνίας, και για να μην τολμήσει κανείς απλά να κοινωνήσει χωρίς προετοιμασία, μας διδάσκει τώρα ο Κύριος ότι πρέπει πρώτα να συμφιλιωθούμε με τον Θεό και με τους αδελφούς μας, και έπειτα να προσέλθουμε στα θεία Μυστήρια. Όπως το διατυπώνει κάπου αλλού: «*Εάν λοιπόν πρόκειται να προσφέρεις το δώρο σου στο θυσιαστήριο, και τότε θυμηθείς ότι ο αδελφός σου έχει κάτι εναντίον σου, πρέπει να αφήσεις το δώρο σου στο θυσιαστήριο, και να πας να συμφιλιωθείς πρώτα με τον αδελφό σου, και έπειτα να προσφέρεις το δώρο σου*» (Ματθ. 5:23).

Υπάρχουν τρία ακόμη ζητήματα που περιλαμβάνονται στα λόγια αυτά του Κυρίου μας. *Πρώτον*, μας συμβουλεύει να επιδιώκουμε τις αρετές και να είμαστε ταπεινοί. Όπως το θέτει κάπου αλλού: «*Έτσι κι εσείς όταν κάνετε όλα όσα σας προστάζει ο Θεός, να λέτε, είμαστε ανάξιοι δούλοι, και κάναμε αυτό που οφείλαμε να κάνουμε*» (Λουκ. 17:10). *Δεύτερον*, συμβουλεύει όσους αμάρτησαν μετά

FORGIVE US OUR TRESPASSES AS WE FORGIVE THOSE WHO TRESPASS AGAINST US

Because He spoke above of the Holy Bread of Holy Communion, and in order that no one may dare to communicate simply and as it happens without preparation, He now instructs us that first we must be reconciled with God and our brothers and, then, proceed to the Divine Sacraments. As He says in another place: "*If, then, you are offering your gift on the altar, and then you remember that your brother has something against you, you must leave your gift before the altar and first go and reconcile yourself with your brother and afterwards proceed to offer your gift*" (Matt. 5:23).

Three more matters are included in these words of our Lord. *Firstly*, He admonishes the virtuous to be humble, just as He says elsewhere: "*So you, when you do all that has been commanded to you, say that you are unprofitable servants, because we have only done what we ought to have done*" (Luke 17:10). *Secondly*, He advises those who sin after Baptism not to fall into despair; and *thirdly*, He reveals with these words that He wants and loves of

το Βάπτισμα να μη πέσουν σε απόγνωση· και *Τρίτον*, φανερώνει ότι με τα λόγια αυτά θέλει να μας διδάξει να έχουμε σπλάχνα οικτιρμών και ελέους μεταξύ μας, γιατί δεν μπορεί με κανένα άλλο τρόπο να εξομοιωθεί ο άνθρωπος με το Θεό, εκτός από την ελεημοσύνη. Κατά συνέπεια είναι ανάγκη να συμπεριφερόμαστε στους αδελφούς μας, όπως συμπεριφέρεται ο Θεός σ' εμάς. Κανείς δεν πρέπει να λέει ότι αυτός, ή αυτή, μου έχει κάνει τόσο κακό ώστε μου είναι αδύνατο να τον (την) συγχωρήσω. Διότι αν αναλογισθούμε πόσες φορές κάθε μέρα και κάθε ώρα αμαρτάνουμε ενώπιον του Θεού, ο οποίος όμως μας συγχωρεί, θα αντιληφθούμε ότι υπάρχουν σε μας τόσα πολλά και ασυγκρίτως μεγαλύτερα πλημμελήματα από αυτά που οι αδελφοί μας έχουν πράξει εναντίον μας, ώστε να είμαστε αναπολόγητοι ενώπιον της δικαιοσύνης του Θεού.

Ώστε λοιπόν, το να συγχωρούμε τα μικρά πλημμελήματα των αδελφών μας είναι άνισο σε σχέση με την άφεση που μας δίνει ο Θεός για τα μεγάλα αμαρτήματά μας. Πράγματι, τόση είναι η ανισότητα αυτή, ώστε όλα τα καλά που μπορούμε να κάνουμε, και όλες οι αρετές που μπορούμε να κατακτήσουμε, δεν επαρκούν για να μας δικαιώσουν ενώπιον του Θεού, εάν δεν συγχωρήσουμε τα πλημμελήματα των αδελφών μας. Όχι μόνο δεν μπορούμε να απολαύσουμε κάποια ωφέλεια από τις αρετές μας, αλλά ούτε μπορούμε να συγχωρηθούμε για τις

us to have bowels of compassion and mercy towards each other, because in no other respect is man more likened to God than in compassion. Therefore, we must behave towards our brothers in a way similar to God's way towards us. No one should say that such and such a person has done to me so many evils that I cannot forgive him. Because, if we considered how many times each day and each hour we are blameworthy towards God who, nevertheless, forgives us, we would find that they are so many and so incomparably greater than the trespasses of our brothers that we would stand no chance of vindication before the righteousness of God.

So, our forgiving of our brothers' small trespasses is unequal to God's forgiving of our great sins. Indeed, such is this inequality that all the goods which we may do and all the virtues which we may possess would not avail to justify us before God, if we did not forgive the trespasses of our brothers. Not only can we not enjoy any benefit from our virtues, but also not even our sins can be forgiven, as the Lord says: "*If you do not forgive men their trespasses, the Father will not forgive your trespasses*" (Matt. 6:14–15). And again, for him who does not forgive his fellow servant, He says: "*Evil servant, I forgave you every debt, because you begged me; should you not have forgiven your fellow-servant, even as I had mercy on you? And his Master became angry and delivered him to the torturers*

αμαρτίες μας, γιατί αυτό μας λέει ο Κύριος: «*Αν δεν συγχωρήσετε στους ανθρώπους τα πλημμελήματά τους, ούτε κι ο Πατέρας σας θα συγχωρήσει τα δικά σας πλημμελήματα*» (Ματθ. 5:14, 15). Και πάλι λέει σ' αυτόν που δεν συγχωρεί το σύνδουλό του: «*Κακέ δούλε, σου χάρισα όλο εκείνο το χρέος, επειδή με παρεκάλεσες, δεν έπρεπε όμως κι εσύ να σπλαχνιστείς το σύνδουλό σου, όπως κι εγώ σπλαχνίστηκα εσένα; Κι οργίστηκε ο κύριός του, και τον παρέδωσε στους βασανιστές, ώστε να ξεπληρώσει όσα του χρωστούσε. Έτσι θα κάνει κι ο ουράνιος Πατέρας μου, αν ο καθένας σας δεν συγχωρήσει τα παραπτώματα του αδελφού του μ' όλη του την καρδιά*» (Ματθ. 18:32 – 34).

Πολλοί πιστεύουν, ότι οι αμαρτίες συγχωρούνται, όταν μεταλαβαίνουμε στη Θεία Κοινωνία. Άλλοι, όμως, διαφωνούν, και τονίζουν ότι οι αμαρτίες συγχωρούνται μόνο με την Εξομολόγηση. Εμείς όμως λέμε, ότι και τα δύο είναι αναγκαία, δηλ. η προετοιμασία με Εξομολόγηση και μετανοία για την άφεση των αμαρτιών και η Θεία Κοινωνία. Αυτό οφείλεται στο ότι δεν μπορούμε να συνδέσουμε όλα με ένα μόνο από τα δύο αυτά Μυστήρια. Όπως ένα λερωμένο ιμάτιο, που έχει πλυθεί, χρειάζεται τη θερμότητα του ήλιου για να στεγνώσει και να μη σαπίσει και καταστεί ακατάλληλο για χρήση από τον άνθρωπο, ή όπως μια πληγή, που έχει καθαριστεί από τα μικρόβια, χρειάζεται κάποιο φάρμακο για να επουλωθεί, έτσι και οι αμαρτίες μας που πλένονται και καθαρίζονται

until he repaid whatever he owed him. Thus, My heavenly Father will do to you, if you do not forgive each his brother for their trespasses from your heart" (Matt. 18:32 – 34).

Many say that sins are forgiven by means of the Holy Communion; others, however, oppose them and say that sins are forgiven only by means of Confession. But we say that both the preparation with Confession and repentance is as necessary for the forgiveness of sins as is Holy Communion. This is because we cannot attribute everything either to the one or the other sacrament by itself. Just as for a dirty dress which has been washed, the heat of the sun is needed to dry out the wet, in case it becomes rotten and unfit to be used by man, or just as for a wound which has been cleansed from worms, an unguent is required, in a similar way for sins washed and cleansed with Confession and rid of corruption with repentance, the Holy Communion is necessary to dry them out completely and to heal them like an unguent; because man can return to the first state and his last days become worse than the first, as the Lord says (Matt. 12:45).

There is a need, then, that we cleanse ourselves from every impurity with Confession and especially from spite (vindictiveness), and then approach the Divine Sacraments. For just as love is the fulfillment of the entire law, so spite and hatred is the annulment of the

με την Εξομολόγηση, και ελευθερώνονται από την φθορά με την μετανοία, έχουν ανάγκη της Θείας Κοινωνίας για να αποξηρανθούν τελείως και να επουλωθούν σαν με φάρμακο. Κι αυτό ισχύει, διότι υπάρχει η πιθανότητα να επιστρέψει ο άνθρωπος στα προηγούμενα και να γίνουν τα έσχατα χειρότερα από τα πρώτα, όπως το λέει αυτό ο ίδιος ο Κύριος (Ματθ. 12:45).

Έχουμε ανάγκη λοιπόν να καθαριζόμαστε από κάθε ακαθαρσία με την Εξομολόγηση και ιδιαίτερα από την μνησικακία, εάν πρόκειται να πλησιάσουμε στα Θεία Μυστήρια. Γιατί όπως η αγάπη πληροί ολόκληρο τον νόμο, έτσι η μνησικακία και το μίσος αποτελούν παράβαση ολόκληρου του νόμου και κάθε αρετής. Το κακό της μνησικακίας στηλιτεύει ο σοφός συγγραφέας των Παροιμιών, όταν λέει: «*Οι οδοί των μνησίκακων καταλήγουν στο θάνατο*» (Παρ. 12:28), και «*όποιος μνησικακεί είναι παράνομος*» (Παρ. 21:24).

Ήταν η πικρή αυτή ζύμη της μνησικακίας, την οποία είχε μέσα του ο άθλιος Ιούδας, και έτσι «*όταν πήρε τον άρτο, τότε μπήκε ο Σατανάς μέσα του*» (Ιωάν. 13:27). Ας διατηρούμε λοιπόν, το φόβο της καταδίκης και κατάκρισης της μνησικακίας, και ας συγχωρούμε τους αδελφούς μας, όταν παρανομούν εις βάρος μας, όχι μόνον όταν μεταλαβαίνουμε τη Θεία Κοινωνία, αλλά πάντοτε, όπως λέει ο Απόστολος: «*Η δύση του ηλίου ας μη σας βρίσκει ακόμα οργισμένους, για να μη δίνετε τόπο*

entire law and every virtue. It is the evil of spite that the wise author of the Proverbs wants to expose when he says: "*The ways of the spiteful lead to death*" (Prov. 12:28); and again, "*Whoever is spiteful is transgressor of the law*" (Prov. 21: 24).

It was this bitter leaven of spite that the wretched Judas had had inside him, and so "*when he received the bread, Satan entered into him*" (John 13:27). Let us be fearful, my brothers, of the condemnation and judgment of spite and let us forgive our brothers, if they trespass against us, not only when we are about to receive Communion, but at all times, as the Apostle says: "*Let not the sun set down upon your wrath; neither give place to the Devil*" (Eph. 4:26 – 27). Only then you shall take courage to address to God the following petitions of the Dominical Prayer: "*Do not lead us into temptation.*"

στο διάβολο» (Εφ. 4:26-27). Μόνο τότε θα μπορούμε να απευθυνόμαστε στο Θεό με παρρησία και να του υποβάλουμε την επόμενη αίτηση: «*Και μη εισενέγκεις ημας εις πειρασμόν*».

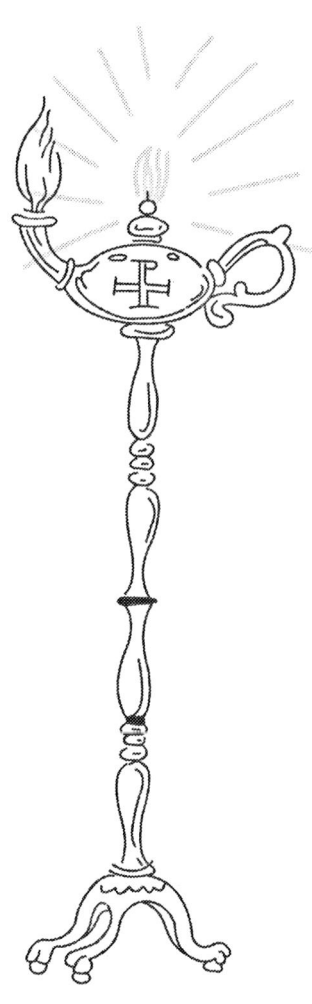

ΚΑΙ ΜΗ ΕΙΣΕΝΕΓΚΗΣ ΗΜΑΣ ΕΙΣ ΠΕΙΡΑΣΜΟΝ

Ο Κύριός μας, μας διδάσκει να ζητάμε από το Θεό-Πατέρα μας να μην μας οδηγήσει σε πειρασμό. Ο Προφήτης Ησαΐας λέει εξ ονόματος του Θεού: «*Εγώ είμαι εκείνος που κατασκεύασε το φως, και έμακε το σκοτάδι, εκείνος που φέρνει την ειρήνη, και χτίζει τα κακά*» (45:7). Ο Προφήτης Αμώς λέει κάτι παρόμοιο: «*Υπάρχει κακό στην πόλη, που δεν το έκαμε ο Θεός;*» (3:6β).

Τα χωρία αυτά οδηγούν πολλούς απαίδευτους και ανώριμους πιστούς να σχηματίσουν εσφαλμένες ιδέες για το Θεό. Γι' αυτό ακριβώς μας λέει ο Απόστολος Ιάκωβος, ότι «*Κανείς, που πέφτει σε πειρασμό, δεν πρέπει να λέει, ότι πειράζεται από το Θεό, γιατί ο Θεός δεν έχει πείρα του κακού, και συνεπώς δεν πειράζει κανένα. Αντίθετα, κάθε άνθρωπος που πέφτει σε πειρασμό πειράζεται από τη δική του επιθυμία, η οποία τον εξωθεί και τον δελεάζει. Έπειτα η επιθυμία γίνεται πράξη, και γεννάει την αμαρτία, και όταν ολοκληρώνεται η αμαρτία, τότε το αποτέλεσμα είναι ο θάνατος*» (1:13, 14).

Οι πειρασμοί, που συμβαίνουν στους ανθρώπους,

AND LEAD US NOT
INTO TEMPTATION

Our Lord teaches us to beg God our Father not to lead us into temptation. The Prophet Isaiah says on behalf of God: "*I am He who created the light and made darkness, who creates peace and makes evil*" (45:7). The Prophet Amos says something similar: "*Is there an evil in the city which the Lord did not make*" (3:6b)?

These verses lead many unlearned and unconfirmed believers to fall into all sorts of wrong ideas about God. They conclude that God throws us into temptations. Therefore, the Apostle James says that "*No one who is tempted should say that he is tempted by God; for God is not tempted by evils, nor does He tempt anyone; rather every man is tempted by his own desire which draws him out and entices him*" (1:13, 14).

Temptations occur to men in two ways. The one is pleasurable and, therefore, takes place both with our consent as well as with the cooperation of the demons. The other is sorrowful and incurs pain and, therefore, appears to be bitter, because it takes place without our consent,

έχουν δύο μορφές. Η πρώτη είναι ευχάριστη, και γι αυτό γίνεται με τη συγκατάβασή μας και την συνεργασία των δαιμόνων. Η δεύτερη είναι δυσάρεστη, και προκαλεί πόνο, γι αυτό και παρουσιάζεται κάπως πικρή, επειδή συμβαίνει χωρίς τη συγκατάβασή μας αλλά με τη μεσολάβηση του Διαβόλου.

Οι δύο αυτές μορφές πειρασμών παρουσιάστηκαν στους Εβραίους, και εκείνοι διάλεξαν εκούσια την ευχάριστη μορφή πειρασμού, που συνδέεται με τα πλούτη, τη δόξα και την ελευθερία να πράττουν το κακό. Έτσι έπεσαν στην ειδωλολατρία, και ο Θεός επέτρεψε να επέλθουν σ' αυτούς όλα τα αντίθετα, δηλαδή η πτώχευση, η ατιμία, η αιχμαλωσία, κ.τ.λ. Επιτρέποντας αυτά επεδίωκε ο Θεός την μεταστροφή τους στη μετάνοια.

Οι διάφορες μορφές τιμωρίας, που επιτρέπει ο Θεός να επέλθουν στη ζωή μας, όταν ενδίδουμε στους πειρασμούς, ονομάζονται «κακά» ή «κακό» από τους Προφήτες, για το λόγο ότι έχουν αρνητικά αποτελέσματα και αρνητική φύση. Φαίνονται σαν να τα προκαλεί ο Θεός, αν και υπεύθυνοι γι αυτά είμαστε εμείς οι ίδιοι. Ο Θεός απλά τα επιτρέπει να συμβαίνουν στη ζωή μας, γιατί θέλει να μας βάλει μυαλό, και να μας οδηγήσει πίσω στο καλό.

Ο Κύριός μας συνδέει τη πρώτη μορφή πειρασμού, την ευχάριστη, με τη δεύτερη, την δυσάρεστη, χρησιμοποιώντας ένα όνομα, επειδή και οι δυο τους επηρεάζουν και δοκιμάζουν την ελεύθερη βούληση του ανθρώπου.

and with the interference of the Devil.

These two kinds of temptations did, in fact, fall upon the Hebrews. And because of their own accord, they chose the pleasurable temptation, and chose riches and glory and freedom to do evil. They fell into idolatry, and God allowed all the opposites to come upon them, i.e. poverty, dishonor, captivity, etc. By allowing this, God is leading them back to repentance.

The different kinds of punishments, which God allows to come upon us when we yield to temptations, are called "evils" or "evil" by the Prophets, because of their effects and nature. So, they seem to be evils caused by God, although they are caused by us and God simply allows them to operate upon us so that we may be chastised and return to the good.

Our Lord joins the first kind of temptation, the pleasurable, with the second, the painful, under one name, because both tempt and test the free will of man. But, to understand this more clearly, we need to know that all things that occur in our lives are of three types, good, evil and neutral. Prudence, compassion, righteousness and the like, which could never become evil, are good. Fornication, inhumanity, injustice and the like, which can never become good, are evil. Riches and poverty, health and sickness, life and death, honor and dishonor, pleasure and pain, freedom and slavery and the like, which

Για να το καταλάβουμε όμως αυτό κάπως καλλίτερα, πρέπει να ξέρουμε, ότι όσα συμβαίνουν στη ζωή μας, έχουν τρεις τύπους, τον καλό, τον κακό και τον ουδέτερο. Η σωφροσύνη, η συμπόνια, η δικαιοσύνη, και τα παρόμοια, που ποτέ δεν μπορούν να γίνουν κακά, ανήκουν στον καλό τύπο. Η πορνεία, η απανθρωπιά, η αδικία και τα παρόμοια, που ποτέ δεν μπορούν να γίνουν καλά, ανήκουν στον κακό τύπο. Τα πλούτη και η φτώχια, η υγεία και η αρρώστια, η ζωή και ο θάνατος, η τιμή και η ατίμωση, η απόλαυση και ο πόνος, η ελευθερία και η δουλεία, και τα παρόμοια, πού μπορούν να είναι και καλά και κακά, ανάλογα με το πώς τα αντιμετωπίζει η ανθρώπινη βούληση, ανήκουν στον ουδέτερο τύπο.

Οι άνθρωποι διαιρούν τα ουδέτερα συμβάντα σε δύο, θεωρώντας ορισμένα από αυτά καλά, επειδή τους αρέσουν, όπως τα πλούτη, τη δόξα, την απόλαυση, κ.τ.λ., ενώ άλλα τα θεωρούν κακά, επειδή τους είναι δυσάρεστα, όπως τη φτώχια, τον πόνο, την ατιμία, κ.τ.λ. Το γεγονός είναι, εντούτοις, ότι αν δεν θέλουμε να πέσουμε στα θεωρούμενα κακά, θα πρέπει να προσέξουμε να μην πέσουμε στα πραγματικά κακά. Έτσι μας προειδοποιεί ο Προφήτης, όταν λέει, «*Μην επιτρέψεις στο πόδι σου να παραπατήσει, και αυτός που σε διαφυλεί (δηλ. ο φύλακας σου άγγελος) δεν θα νυστάξει*» (Ψαλμός 120:3).

Ο Ησαΐας λέει, «*Αν θελήσετε να με ακούσετε, θα απολαύσετε τα αγαθά της γης. Αν όμως δεν θελήσετε και*

can be called good or evil, according to the way in which human will treats them, are neutral.

Human beings divide the neutral things into two: some of them good, because they love them, such as riches, glory, pleasure, etc., while others they call evil, because they hate them, such as poverty, pain, dishonor, etc. The fact is that if we do not wish to experience the seeming evils, we must avoid falling into the real evils. This is what the Prophet's warning is all about, when he says, "*Do not allow your foot to slip, and he who keeps you (i.e. the guardian Angel) will not fall asleep*" (Ps. 120:3).

Isaiah says, "*If you hear my commandments, you shall enjoy the goods of the earth; but if you do not hear, the sword of your enemies will destroy you*" (1:19, 20). Elsewhere he says, "*You proceed to the fire and the flame of the evils and judgment, which you lit up with your sin*" (50:11).

The Devil first fights us with the pleasurable temptation, because he knows that we are easily inclined to it. Afterwards, if he finds that our will is obedient to his will, he leads us away from the grace of God which keeps us, and then asks for God's permission to bring upon us the bitter temptation, i.e. sorrows and misfortunes, in order to destroy us completely by his hatred and throw us into utter despair. But if he does not find our will following his own in the form of pleasurable temptation, he

δεν με ακούσετε, τότε σφαγή σας περιμένει» (1:19, 20). Και κάπου αλλού λέει, *«Λοιπόν, όλοι σας πορεύεσθε στη φωτιά και στις φλόγες του κακού, που εσείς ανάψατε [με τις αμαρτίες σας]»* (50:11).

Ο σατανάς μας πολεμάει πρώτα με τον ευχάριστο πειρασμό, επειδή γνωρίζει ότι είμαστε επιρρεπείς σ' αυτόν. Ύστερα όμως, αφού βεβαιωθεί ότι η θέλησή μας έχει υποταχθεί στη δική του, μας απομακρύνει από τη χάρη του Θεού, η οποία μας συγκρατεί, και τότε ζητάει άδεια από το Θεό για να μας υποβάλει στον δυσάρεστο και πικρό πειρασμό, δηλ. στις θλίψεις και δυστυχίες, προκειμένου να μας καταστρέψει ολοκληρωτικά με την κακία του και να μας γκρεμίσει μέσα στην ολοκληρωτική απελπισία. Όταν πάλι δεν μας βρίσκει εύκολους στο να υποτάξουμε τη θέλησή μας σ' εκείνον, τότε καταφεύγει στη δεύτερη μορφή πειρασμού, για να μας εξαναγκάσει με τις θλίψεις να υπακούσουμε στις κακές του προθέσεις.

Γι αυτό μας λέει ο Απόστολος Πέτρος, *«Να είσθε νηφάλιοι και άγρυπνοι, γιατί ο αντίπαλός σας ο διάβολος περιφέρεται σαν μανιασμένο λιοντάρι για να σας καταπιεί»* (Α' Πέτρου 5:8). Ο Θεός το επιτρέπει αυτό, είτε διότι θέλει να μας δοκιμάσει, όπως συνέβη στην περίπτωση του δικαίου Ιώβ και άλλων Αγίων — όπως λέει ο Κύριος στους μαθητές Του, *«Σίμωνα, Σίμωνα, να λοιπόν που ο σατανάς ζήτησε να σας δοκιμάσει σαν το σιτάρι στο κόσκινο»* (Λουκ. 22:31) — είτε από συγκατάβαση, όπως

takes recourse to the second temptation, so that by the many sorrows he might achieve to force us into obeying his evil purpose.

This is why Peter the Apostle tells us: *"To watch and be on our guard, because our adversary the Devil walks about like a roaring lion seeking to devour someone"* (1 Pet. 5:8). God permits this either because He wants us to be tested, as in the case of the righteous Job and the other saints, as the Lord says to His disciples: *"Simon, Simon, behold Satan has asked to sift you as wheat"* (Luke 22:31) — or by concession, as in the case of David, on account of the sin which he committed, or in the case of Peter the Apostle, on account of his conceit, or in the case of Judas and the Jews.

The temptations, which occur to the saints with God's permission, are derived from the Devil's envy, for it is the Devil himself that threatens the holy, righteous and perfect Christians with his attacks. The temptations, which occur by concession, are designed to be an obstacle to and a stopper of sin, which either took place, or is taking place, or will take place. And, finally, those temptations, which occur on account of God's abandonment, are caused by the sinful life of man, and his evil choice and take place for his utter loss.

Therefore, we ought not only to avoid the first type of temptation, the pleasurable and sinful, as the poison

συνέβη στην περίπτωση του Δαυίδ, εξ αιτίας της αμαρτίας που διέπραξε, ή στην περίπτωση του Αποστόλου Πέτρου, εξ αιτίας της έπαρσής του, ή στην περίπτωση του Ιούδα και των Ιουδαίων.

Οι πειρασμοί, που συμβαίνουν στη ζωή των Αγίων με την ανοχή του Θεού, προέρχονται από την ζηλοφθονία του Διαβόλου, που θέλει να εκφοβίζει τους άγιους, δίκαιους και τέλειους Χριστιανούς με τις επιθέσεις του. Οι πειρασμοί, που γίνονται με την συγκατάβαση του Θεού, έχουν σαν σκοπό να εμποδίσουν, ή να αναχαιτίσουν κάτι που έγινε, ή γίνεται, ή θα γίνει. Τέλος, οι πειρασμοί που γίνονται στους ανθρώπους, όταν τους εγκαταλείπει ο Θεός, προέρχονται από την αμαρτωλή συμπεριφορά τους και τις ανθρώπινες πονηρές επιλογές τους, και καταλήγουν στην τελική καταστροφή τους.

Οφείλουμε λοιπόν, όχι μόνον να αποφεύγουμε την πρώτη μορφή πειρασμών, την ευχάριστη αλλά αμαρτωλή, σαν το δηλητήριο του Πονηρού Όφι, αλλά και να την απορρίπτουμε αποφασιστικά, όταν έρχεται να μας προσβάλει απροσκάλεστα και άθελά μας. Όσο αφορά στους σωματικούς πειρασμούς, ας μην διακινδυνεύουμε την υπόστασή μας από υπερηφάνεια ή αλαζονεία, αλλά ας ζητάμε από το Θεό να μας κρατάει ελεύθερους από τέτοιους πειρασμούς κατά το άγιο θέλημά Του και την ευδοκία Του. Όμως, όταν έρχονται οι πειρασμοί αυτοί στη ζωή μας, θα πρέπει να τους αντιμετωπίζουμε χωρίς

of an Evil Snake, but also to reject it utterly, even when it comes to us without our own invitation and against our own will. As for the bodily temptations, let us not risk ourselves on account of pride and arrogance, but ask God to deliver us from them, according to His will and good pleasure. But if they come, we should accept them with full thanksgiving and joy as if they were great gifts. This alone should we ask of Him, to empower us to conquer the tempter to the very end, because this reveals the meaning of the petition "*do not lead us into temptation*," namely, do not allow that we are thrown into the mouth of the spiritual dragon. Here, we should remember what the Lord Himself tells us in another place, "*Be alert and pray, that you may not enter into temptation*" (Matt. 26:41), i.e. do not trust the flesh.

No one, however, who hears that we must avoid temptations, should produce excuses for his sins claiming the he is weak, etc., when he falls into temptations. Because if at the time of need he is so afraid of temptation that he fails to oppose it, he rejects the truth. If, for example, the time comes that somebody's faith is severely challenged, or he is forced to deny the truth, or abandon justice, or compassion, or any other commandment of Christ, or if one gives up the resistance for fear of bodily temptation, and does not fight bravely, he should know that he does not have a share with Christ and is vainly called a Chris-

φόβο, αλλά με ευχαριστία και αυτοπεποίθηση σαν να πρόκειται για μεγάλες δωρεές. Το μόνο που θα πρέπει να ζητάμε από τον Κύριο είναι να μας ενδυναμώνει για να νικάμε τον Πειραστή μέχρι τέλους, όπως μας υποδεικνύει η αίτηση της Προσευχής: *«Καὶ μὴ εἰσέγκῃς ἡμᾶς εἰς πειρασμόν»*, δηλ. μην επιτρέψεις να νικηθούμε και να πέσουμε στο στόμα του πνευματικού δράκοντα. Εδώ ας θυμηθούμε και τα λόγια του Κυρίου μας: *«Να είσθε σε εγρήγορση (άγρυπνοι) και να προσεύχεσθε για να μη σας νικήσει ο πειρασμός»* (Ματθ. 26:41), που σημαίνει, να μη εμπιστεύεστε στη σάρκα.

Κανένας μας όμως, που ακούει ότι πρέπει να αποφεύγουμε τους πειρασμούς, δεν πρέπει να προβάλει δικαιολογίες για τις αμαρτίες του, λέγοντας ότι είναι αδύνατος, κ.τ.λ., όταν πέφτει σε πειρασμούς. Κι αυτό γιατί, όταν φοβάται τον πειρασμό στην ώρα της ανάγκης, και χάνει την ευκαιρία να τον νικήσει, τότε απορρίπτει την αλήθεια. Όταν, παραδείγματος χάριν, έρχεται η ώρα να δοκιμαστεί κανείς σοβαρά στη πίστη του, και αναγκάζεται να την αρνηθεί, ή να εγκαταλείψει το δίκαιο, ή την συμπόνια, ή οποιαδήποτε άλλη αρετή που ζητάει από εμάς ο Χριστός, ή όταν παραιτείται από φόβο να αντισταθεί σε κάποιο σωματικό πειρασμό και να πολεμήσει με σθένος, θα πρέπει να ξέρει ο άνθρωπος αυτός, ότι δεν είναι πλέον μέτοχος του Χριστού, και ότι μάταια φέρει το όνομα του Χριστιανού, εκτός εάν μετανοήσει με πικρά δάκρυα. Ο

tian, unless he responds with bitter tears. The true Christian imitates the true Christians, the holy martyrs who suffered much for the faith, or the divine Chrysostom, who suffered for the sake of justice, or St. Zoticus, who received bad treatment because of his compassion, or the many Saints, who endured many passions and temptations, because of their attachment to the commandments of Christ, which we must also keep, so that we may be delivered not only from the temptations of sin, but also from "*the Evil One,*" as it is said in the prayer.

καλός Χριστιανός μιμείται τους αληθινούς Χριστιανούς, τους άγιους μάρτυρες, που έπαθαν πολλά για τη πίστη τους, ή τον θείο Χρυσόστομο, ο οποίος υπέφερε για χάρη της δικαιοσύνης, ή τον άγιο Ζωτικό, που υπέστη μεγάλες κακομεταχειρίσεις εξ αιτίας της συμπόνιας του προς τους άλλους, ή τους πολλούς άλλους άγιους που υπέστησαν και πάθη και πειρασμούς, επειδή ακολουθούσαν τις εντολές του Χριστού, που πρέπει να τηρούμε, αν πρόκειται όχι μόνον να μη εισέλθουμε σε πειρασμό αλλά και να ελευθερωθούμε από τον Πονηρό, όπως λέει η Προσευχή: «Αλλά *ρύσαι ημάς από του πονηρού*».

ΑΛΛΑ ΡΥΣΑΙ ΗΜΑΣ ΑΠΟ ΤΟΥ ΠΟΝΗΡΟΥ

Ο Πονηρός είναι κατά κύριο λόγο ο Διάβολος, επειδή αυτός είναι η αιτία και ο γεννήτορας κάθε αμαρτίας και ο δημιουργός κάθε πειρασμού. Σ' αυτόν αναφέρεται η αίτηση της προσευχής, που μας διδάσκει να ζητάμε να ελευθερωθούμε από τις μηχανορραφίες του και τις πονηρές ενέργειές του, πιστεύοντας ότι ο Θεός δεν θα μας αφήσει να δοκιμαστούμε πέρα από τις δυνάμεις μας. Όπως το λέει ο Απόστολος: «*Κάθε πειρασμός που σας κατέλαβε δεν ήταν παρά ανθρώπινος. Ο Θεός είναι αξιόπιστος, και δεν θα επιτρέψει σε κανένα πειρασμό να ξεπεράσει το όριο της δύναμής σας, αλλά μαζί με τον πειρασμό θα δώσει και τη λύση, ώστε να μπορέσετε να τον αντέξετε*» (Α' Κορ. 10:13). Είναι ανάγκη, συνεπώς, να μην αμελούμε να απευθυνόμαστε στο Θεό με ταπείνωση.

BUT DELIVER US FROM THE EVIL ONE

The Evil One is by and large the Devil, because he is the cause and begetter of every sin and the creator of every temptation. The petition of the Dominical Prayer, which teaches us to ask to be delivered from his machinations and evil operations, believing that God will not leave us to be tempted beyond our power, refers to him. As the Apostle says: "*Every temptation that sees you was but human. God is trustworthy and will not permit any temptation to surpass the limit of your capacity, but with the temptation He will also provide the solution, that you may be able to endure it*" (1 Cor. 10:13). It is necessary, therefore, that we are never neglectful of crying to Him with humility.

ΟΤΙ ΣΟΥ ΕΣΤΙΝ Η ΒΑΣΙΛΕΙΑ ΚΑΙ ΔΥΝΑΜΙΣ ΚΑΙ Η ΔΟΞΑ, ΤΟΥ ΠΑΤΡΟΣ ΚΑΙ ΤΟΥ ΥΙΟΥ ΚΑΙ ΤΟΥ ΑΓΙΟΥ ΠΝΕΥΜΑΤΟΣ, ΝΥΝ ΚΑΙ ΑΕΙ, ΚΑΙ ΕΙΣ ΤΟΥΣ ΑΙΩΝΑΣ ΤΩΝ ΑΙΩΝΩΝ. ΑΜΗΝ!

Ο Κύριός μας μας παρηγορεί, γιατί γνωρίζει ότι η ανθρώπινη φύση πάντοτε χάνει το θάρρος της και τη πίστη της. Έτσι μας λέει ότι, αφού έχουμε ένα τόσο δυνατό και ένδοξο Πατέρα και Βασιλέα, δεν θα πρέπει να αμφιβάλουμε για οτιδήποτε ζητήσουμε από Αυτόν στις διάφορες περιστάσεις μας, αλλά να επιμένουμε να Του ζητάμε σαν τη χήρα εκείνη που δεν σταμάτησε να παρακαλάει τον δικαστή της αδικίας, λέγοντάς του: «Κύριε, λύτρωσέ μας από τον εχθρό μας, επειδή δική Σου είναι η αδιάδεκτη Βασιλεία, η ακατανίκητη Δύναμη και η απροσπέλαστη Δόξα. Ως παντοδύναμος Βασιλιάς, Εσύ διατάζεις και τιμωρείς τους εχθρούς μας, και σαν Θεός απρόσιτης δόξας, Εσύ δοξάζεις και μεγαλύνεις εκείνους που Σε δοξάζουν, και σαν Πατέρας γεμάτος χάρη και αγάπη για το ανθρώπινο γένος, Εσύ αγαπάς εκείνους που γίνονται άξιοι να ονομάζονται παιδιά Σου, παίρνοντας

FOR THINE IS THE KINGDOM AND THE POWER AND THE GLORY OF THE FATHER AND OF THE SON AND OF THE HOLY SPIRIT, NOW AND ALWAYS AND UNTO THE AGES OF AGES. AMEN!

Our Lord consoles us because He knows that human nature always loses courage and faith. So, He says that since we have such a powerful and glorious Father and King, we should have no doubt about whatever we ask of Him on different occasions, but should persist in calling upon Him, like that widow who kept begging the judge of injustice, saying to him: "Lord, redeem us from our adversary, because Yours is the unsucceeded Kingdom, the unconquered Power and the inaccessible Glory. As a powerful King, You command and punish our enemies, and as God of excelling glory, You glorify and exalt those who glorify You, and as Father full of care and love for mankind, You love those who were made worthy to become Your sons through the Holy Baptism and love You with all their heart, now and ever and in the ages of ages. Amen."

το άγιο Βάπτισμα και δίνοντας Σου την αγάπη τους με όλη τους την καρδιά και τώρα και πάντοτε και στους ατελεύτητους αιώνες. Αμήν.»

ΕΠΙΛΟΓΟΣ

Οι γενικές παρατηρήσεις επάνω στην Κυριακή Προσευχή, που ακολουθούν, αποτελούν επίλογο, κατά κάποιο τρόπο, της όλης εξηγήσεως που προσφέρει η παρούσα εργασία.

Η όλη Προσευχή διαιρείται σε 9 μέρη σύμφωνα με τις 9 τάξεις των ουρανίων ταγμάτων των Αγγέλων. Ο λόγος γι αυτό είναι ότι με την Προσευχή αυτή ανέρχεται ο άνθρωπος στη ζωή και αξία των Αγγέλων.

Επίσης η όλη Προσευχή διαιρείται σε 3 μέρη, τον Πρόλογο, τις 7 Αιτήσεις, και τον Επίλογο. Ο λόγος γι αυτό είναι ότι ο Θεός είναι 3 Πρόσωπα, ο Πατήρ, ο Υιός και το Άγιο Πνεύμα. Ένας άλλος λόγος είναι το ότι υπάρχουν 3 τάξεις των δικαίων, σύμφωνα με την παραβολή του σπορέα, κατά την οποία μερικοί σπόροι έφεραν 100πλάσιο καρπό, άλλοι 60πλάσιο και άλλοι 30πλάσιο. Ένας ακόμα λόγος είναι το ότι υπάρχουν, κατά τους Πατέρες, 3 όψεις των όντων: η όψη των αισθητών όντων, η όψη των νοητών όντων και η όψη της Αγίας Τριάδος. Τέλος, ένας άλλος λόγος είναι το ότι υπήρχαν 3

EPILOGUE

The following general observations on the Lord's Prayer may serve as an epilogue to the above exposition.

The entire Prayer is divided, on the one hand, into nine parts, according to the nine orders of the heavenly Angels, because in its entirety, this Prayer elevates man to the life and value of the Angels.

On the other hand, the Prayer is divided into three parts: the Prologue, the seven Petitions and the Epilogue, because God is three Persons: the Father, the Son and the Holy Spirit. Another reason for this is that there are three orders of the just according to the Parable of the Sower, which says that some of the seeds produced a hundredfold, others sixty fold and others thirty fold. Yet another reason is that there are three perspectives according to the Fathers: the perspective of the sensible creatures, the perspective of the intelligible things and the perspective of the Holy Trinity. Finally, another reason is that there were three kinds of trees in paradise: one for "life," the

είδη δέντρων στον Παράδεισο: το δένδρο της Ζωής (του «Εἶναι»), το δένδρο της Καλής Ζωής (του «Εὖ Εἶναι») και το δένδρο της Αιώνιας Καλής Ζωής (του «Ἀεί Εὖ Εἶναι»). Βέβαια, υπάρχουν και άλλα παρόμοια πνευματικά δεδομένα που έχουν τριαδική διάταξη.

Βλέπουμε λοιπόν, ότι η όλη Προσευχή φανερώνει την θαυμαστή σοφία του Κυρίου, ο οποίος, γνωρίζοντας ότι μόνο τρία πράγματα μπορούν να σώσουν τον άνθρωπο, πίστη, πράξη και θεωρία—κι αυτό γιατί πρώτα πιστεύει κανείς αφού ακούσει, έπειτα τηρεί τις εντολές στην πράξη, και, τελικά, αξιώνεται να ενωθεί με το Θεό με τη νοερά αίσθηση και παρρησία, που βεβαιώνονται στη θεωρία, δηλ. απολαμβάνει μαζί με τη θεωρητική πίστη αυτό που αρχικά πίστεψε όταν άκουσε για την πίστη—παρέδωσε την Κυριακή Προσευχή με μια τριαδική δομή, ώστε όλοι να λάβουν την δωρεά της γνώσης. Άρχισε με τη Θεολογία στον Πρόλογο, και την στερέωσε επάνω στη Πίστη. Έπειτα πρόσθεσε τις Αιτήσεις, που αναφέρονται στο έργο και στην τήρηση των εντολών. Και τελικά σφράγισε τον Επίλογο με αυτό το ίδιο το κεφάλαιο της Θεολογίας και Πίστεως, επειδή Εκείνος είναι το Α και το Ω, η Αρχή και το Τέλος των πιστών που σώζονται.

Με Προσευχή, λοιπόν, και όχι με κάποια άλλη αρετή, έντυσε ο Κύριος αυτή τη διδασκαλία: *Πρώτον*, γιατί αυτό ζητούσε και η ώρα και ο καιρός, δηλ. επειδή του ζήτησαν

other for "good life" and the third one for "good and eternal life." Indeed, one could think of more spiritual connectives associated with the number three.

We see, then, in all this Prayer the wonderful wisdom of our Lord, who, knowing that only three things can save man, faith, act and vision (since first one believes from hearing, then he observes the commandments through act, and thirdly, he becomes worthy to be united with God in intelligible sensation and boldness confirmed in vision, i.e. he enjoys together with the theoretical faith the very same things which he initially came to believe from the hearing of faith), composed the Lord's Prayer in a triadic way so that everyone might be blessed with the gift of understanding. He started in the prologue with the chapter of Theology and founded it on the faith. Then, he added the petitions, which relate to the work and observance of the act of the commandments. Finally, He sealed the epilogue with this very chapter of Theology and faith, because He is the Alpha and the Omega, the beginning and the end of the faithful who are being saved.

It was by the Prayer and not by another virtue that the Lord adressed this teaching; *firstly*, because this was called by the hour and the time, i.e. because the Apostles had begged Him to teach them how to pray; *secondly*, because every virtue is achieved through

οι Απόστολοι να τους διδάξει πώς να προσεύχονται. *Δεύτερον*, γιατί κάθε αρετή αποκτάται με προσευχή. Και *τρίτον*, γιατί αν ερευνήσει κανείς με ακρίβεια, θα βρει ότι η αγάπη, που είναι το κεφάλαιο όλων των αρετών πάντοτε συνοδεύεται με προσευχή. Η Προσευχή αρχίζει και ολοκληρώνεται με την Αγάπη, και η Αγάπη δυναμώνει και τελειοποιείται με την Προσευχή.

ΤΕΛΟΣ

prayer; and *thirdly*, if one were to investigate accurately, he would find the love which is the chapter of all the virtues, always accompanied by prayer. Prayer begins and is completed with love, and again, love is strengthened and perfected through prayer.

THE END

ΠΑΡΑΡΤΗΜΑ

ΤΡΙΣΑΓΙΟΝ[1]

1. Εὐλογητὸς ὁ Θεὸς ἡμῶν πάντοτε, νῦν καὶ ἀεὶ καὶ εἰς τούς αἰῶνας τῶν αἰώνων. Ἀμήν (αν υπάρχει ιερέας)· ἤ Εἰς τὸ ὄνομα τοῦ Πατρὸς καὶ τοῦ Υἱοῦ καὶ τοῦ Ἁγίου Πνεύματος. Ἀμήν.
2. Ἅγιος ὁ Θεός, Ἅγιος Ἰσχυρός, Ἅγιος Ἀθάνατος, ἐλέησον ἡμᾶς.
3. Ἅγιος ὁ Θεός, Ἅγιος Ἰσχυρός, Ἅγιος Ἀθάνατος, ἐλέησον ἡμᾶς.
4. Ἅγιος ὁ Θεός, Ἅγιος Ἰσχυρός, Ἅγιος Ἀθάνατος, ἐλέησον ἡμᾶς.
5. Δόξα Πατρὶ καὶ Υἱῷ καὶ Ἁγίῳ Πνεύματι· καὶ νῦν καὶ ἀεὶ καὶ εἰς τούς αἰῶνας τῶν αἰώνων. Ἀμήν.
6. Παναγία Τριάς, ἐλέησον ἡμᾶς· Κύριε, ἱλάσθητι ταῖς ἁμαρτίαις ἡμῶν· Δέσποτα, συγχώρησον τὰς ἀνομίας ἡμῖν· Ἅγιε, ἐπίσκεψαι καὶ ἴασαι τὰς ἀσθενείας ἡμῶν, ἕνεκεν τοῦ ὀνόματός σου.
7. Κύριε, ἐλέησον· Κύριε, ἐλέησον· Κύριε, ἐλέησον.

---

[1] Σύμφωνα με ορισμένους λειτουργιολόγους, τα δέκα αυτά μέρη του *Τρισαγίου* αντιπροσωπεύουν το χριστιανικό αντίστοιχο των εισαγωγικών ευλογιών των ακολουθιών της Ιουδαϊκής Συναγωγής.

APPENDIX

TRISAGION[1]

1. Blessed is our God always, now and forever and unto the ages of ages. Amen (if there is a priest); or In the name of the Father and of the Son and of the Holy Spirit. Amen.
2. Holy God, Holy Mighty, Holy Immortal, have mercy on us.
3. Holy God, Holy Mighty, Holy Immortal, have mercy on us.
4. Holy God, Holy Mighty, Holy Immortal, have mercy on us.
5. Glory to the Father and to the Son and to the Holy Spirit, now and forever and unto the ages of ages. Amen.
6. All-holy Trinity, have mercy on us. Lord, forgive our sins. Master, pardon our transgressions. Holy One, visit and heal our infirmities for Thy name's sake.
7. Lord, have mercy; Lord, have mercy; Lord, have mercy.

---

[1] According to some liturgists, these ten parts of the *Trisagion* are the Christian counterpart of the ten introductory blessings of the Jewish synagogue services.

8   Δόξα Πατρὶ καὶ Υἱῷ καὶ Ἁγίῳ Πνεύματι· καὶ νῦν καὶ ἀεὶ καὶ εἰς τούς αἰῶνας τῶν αἰώνων. Ἀμήν.
9   Πάτερ ἡμῶν, ὁ ἐν τοῖς οὐρανοῖς, ἁγιασθήτω τὸ ὄνομα σου. Ἐλθέτω ἡ βασιλεία σου, Γενηθήτω τὸ θέλημά σου ὡς ἐν οὐρανῷ καὶ ἐπὶ τῆς γῆς. Τὸν ἄρτον ἡμῶν τὸν ἐπιούσιον δὸς ἡμῖν σήμερον. Καὶ ἄφες ἡμῖν τὰ ὀφειλήματα ἡμῶν, ὡς καὶ ἡμεῖς ἀφίεμεν τοῖς ὀφειλέταις ἡμῶν. Καὶ μὴ εἰσενέγκῃς ἡμᾶς εἰς πειρασμόν, ἀλλὰ ῥῦσαι ἡμᾶς ἀπὸ τοῦ πονηροῦ.
10 Ὅτι σοῦ ἐστιν ἡ βασιλεία καὶ ἡ δύναμις καὶ ἡ δόξα, τοῦ Πατρὸς καὶ τοῦ Υἱοῦ καὶ τοῦ Ἁγίου Πνεύματος, νῦν καὶ ἀεὶ καὶ εἰς τούς αἰῶνας τῶν αἰώνων. Ἀμήν.

THE LORD'S PRAYER

8   Glory to the Father and the Son and the Holy Spirit, now and forever and unto the ages of ages. Amen.
9   Our Father, who art in heaven, hallowed be Thy name. Thy kingdom come, Thy will be done on earth as it is in heaven. Give us today our daily bread, and forgive us our trespasses as we forgive those who trespass against us, and lead us not into temptation, but deliver us from the Evil One.
10 For Thine is the kingdom and the power and the glory, of the Father and of the Son and of the Holy Spirit, now and forever and unto the ages of ages. Amen.

ABOUT THE AUTHOR

Protopresbyter GEORGE DION. DRAGAS, PH.D., D.D. (Hon.), Δ.Θ. (Hon.) is Professor of Patristics at Holy Cross Greek Orthodox School of Theology in Brookline, Massachusetts.

He was born in Athens, Greece, where he received his first education and studied science. He pursued Theological Studies at Edinburgh University (B.D.), Princeton Theological Seminary (M.Th.) and Durham University, England (Ph.D.).

He taught Patristics at Durham University in England from 1974–1995. Since 1995, he has been teaching at Holy Cross in Brookline. At present, he is also Visiting Professor at Sherbrooke Université and Université Laval in Quebec, Canada, and at the University of Balamand (Lebanon), St. John of Damascus School of Theology.

He is a specialist on St. Athanasius and the Alexandrian theologians and is responsible for updating with critical introductions the Athens reprint of Migne's *Patrologia Græca* (about 121 volumes published so far).

He is a member of the *Academie Internationale des Sciences Religieuses* (Brussels) and has been involved in Ecumenical Dialogues for many years as representative of the Ecumenical Patriarchate of Constantinople.

In 2000, the Faculty of Theology of the St. Klement National University of Sofia, Bulgaria conferred on him the degree of Doctor of Divinity (D.D.) *Honoris causa*. This year, he was honored with another honorary Theology Doctorate by the Aristotle University of Thessalonike in Greece.

Printed in the United States
30527LVS00001B/34-207